# 小さなダイエットの習慣

Stephen Guise
スティーヴン・ガイズ――【著】　田口未和――【訳】

Mini Habits for Weight Loss

ダイヤモンド社

MINI HABITS FOR WEIGHT LOSS

by

Stephen Guise



Japanese translation published by arrangement with
Selective Entertainment, LLC, through The English Agency (Japan) Ltd.

はじめに

# 小さな習慣と、腕立て伏せ1回の物語

私はこれまでの人生の大半を、楽しいけれど望ましくはないことをしがちな自分を、もどかしく感じながら生きてきました。なりたい自分からどんどん遠ざかっていくのがわかっていたからです。けれども、ようやく生活を望む方向へ変えられる方法が見つかりました。私の人生は２０１２年の12月28日を境にがらりと変わったのです。

この日、私はベッドに座って何か変化を起こさなければ、と考えていました。具体的に言うと、運動を習慣にしたいと思っていたのです。私は１月１日を無理やり出発点とする「新年の誓い」というものが好きではありません。そこで、まだ12月28日というその日、自宅で30分の運動をするという、生活を変えるための挑戦を始めることにしました。

問題は、それができなかったことです。どうにも無気力で、やる気が起こらず、体が動こうとしないのです。運動するという考え自体に拒絶反応が起こっていました。モチベーションを高めようとあれこれ試しても、助けにはなりません。この状況はそれまでにも経験していたことでしたが、少し前に読んだ本が問題を克服するためのアイデアを与えてくれました。

その月の初めに、マイケル・マハルコの『アイデアのおもちゃ箱』（斎藤勇監訳、ダイヤモンド社）という本を読みました。マハルコはその本で、クリエイティブに問題解決するための役立つツールをたくさん紹介してくれています。そのひとつが「みせかけ（False Faces）」と名づけられたものでした。このテクニックは単純そのもの。自分が今思っていることと反対のことを考えるというものです。大ざっぱな例を挙げるなら、もしあなたがウォーターパークを建設しようと思っているのなら、その反対のアイデアは、たとえば砂漠をテーマにしたパークを建設することになるでしょう。ただ、反対といっても特別に大がかりなものである必要はありません。思い切った発想の転換になっていて、選択の幅を広げるものであればいいのです。

私のそのときの目標は30分の運動をすることでしたが、**この「反対のアイデア」という方法で、問題が解決できないか**試してみることにしました。私にとって運動は、恐ろしいほど努力が必要な活動だったので、その反対になるのは、とても簡単にできる何か……。そこで考えたのが**「1回だけ腕立て伏せをすること」**でした。

ばかばかしいアイデアを思いついたことに、自分でも笑ってしまいました。

腕立て伏せをたった1回？　確かに私は体力も気力もないぶざまな状態でしたが、たった1回の腕立て伏せができないほどひどくはありません。自分をあざ笑いながらも、とにかくそれを試してみることにしました。

床に手をついて体を下げると、関節がきしみ、腕はすぐにも崩れそうで、体は「もうやめてソファに座ろう」と訴えかけてきました。それでも、私がやるべきことはたった1回の腕立て伏せです。だから、その1回をやりました。そして、やり終えたとき、私の人生は変わりました。

腕立て伏せの体勢に入ったとき、たった1回で終わるのはもったいない、という気持ちになったのです。そこで、もう何回かやってから立ち上がりました。そのときに、これはおもしろい、と思いました。この1回を始めるときの体勢は、30分のエクササイズを始めるときとまったく同じだったからです。すでに腕立て伏せ1回という目標以上のことを達成し、体が温まってきました。そこからさらにいくつか小さな目標を立て、最終的に私の腕立て伏せは50回をカウントしました。それから、懸垂用のバーをつかんで同じことをしたのです。たっぷり20分をかけたあと、私は最後の壁に直面しました。

運動の締めくくりに10分間の腹筋をするのが目標でしたが、私の脳はすぐさまその考えを抹殺しようとしました。「もう十分に楽しんだだろう、スティーヴン？　でも、ここで終わりにしよう。ビデオゲームでもしようじゃないか」

脳の抵抗は強かったのですが、新しく手に入れた秘密兵器を使い、抵抗の源である潜在意識をうまくだますために、自分を褒めちぎりました。そのときの私の頭のなかの思考の流れは次のようなものです。

**1．無敵の潜在意識さま、10分も腹筋をしたりしません。でも、ただエクササイズ用のマットを広げるだけなら気になさいませんよね？**

**2. 伝説の偉大なる脳さま、マットが用意されたので、その上に座るだけならよろしいですよね?**

**3. おそれ多い頭のなかのご主人さま、ユーチューブで腹筋運動の動画を探し、再生ボタンを押しても差しさわりはありませんよね?**

これが大当たり! 見事にうまくいきました。10分後、私の腹筋は燃え上がりそうなほど熱くなっていました。ベッドに座って水を1杯飲んだとき、すっと状況が飲み込めました。**たった1回の腕立て伏せが、30分のエクササイズにまで発展したことを。私の脳は驚きと喜びのあまり爆発寸前でした。**それまでは決して克服できなかった、目の前にたちはだかる山のような抵抗を打ち破ったのですから。そのときに思いました。もしかしたら、この方法には私の将来を変える力があるのではないか、と。

その日から、毎日少なくとも腕立て伏せを1回することを自分に誓いました。正直に言えば、それから半年のあいだに2日だけこの目標を達成できない日がありましたが、それ以外は毎日腕立て伏せを続けました。時々は最初のときと同じように、本格的なトレーニングにまで発展することもありました。反対に、腕立て伏せ5回から10回で終わる日もありました。そして、腕立て伏せ1回という最低限の目標だけしか達成できない日も何度かありました。

## 「小さな習慣」の方法を使って書いたのが、前書『小さな習慣』でした

私はたった1回の腕立て伏せが、ひととおりのトレーニングメニューをこなすまでに発展したことで大満足でしたが、そのとき、もっとワクワクしそうなことに気づいたのです。私が最初に感じていた運動への抵抗は、時間がたつにつれどんどん小さくなっていきました。運動することを考えても、もう嫌悪感を覚えることはありません。いったいどうしてそうなったのでしょう？　運動はすでに生活の一部になり、量は日によって違うものの毎日確実にこなすようになっていました。次のステップへ進む準備が整ったことが自分でもわかりました。

毎日腕立て伏せを最低1回するようになって半年が過ぎたころ、ジム通いを始めました。それから今日まで、旅行中か、病気か、けがをしているのでもないかぎり、週に2、3回ジムへ行っています。運動したくないという気持ちにじゃまされることはもうありません。

**1回の腕立て伏せがジムでの本格的な運動という習慣に変わった**とき、驚きで見開かれた私の目は、ボウリングのボールくらいの大きさになりました（写真を見せたいほどです）。小さなステップを使って大きな変化を起こす！　私はこの「小さな習慣」という方法を使えば、生活のほかの面も改善できるのではないかと思いました。そこでさっそく、**「1日に本を2ページ読むこと」と、「50ワードの文章を書く」という目標を設定**しました。これによって読むことと書くことの活動がぐっと増えました。長くライターとして活動してきたので、

1年ほど前からずっと、人間としての自分の成長についての本を書きたいと考えていたのですが、テーマを決められずにいました。でもついに、そのテーマがはっきりと決まったのです。**毎日50ワードという目標を使って、このコンセプトについて書いたのが、前作の『小さな習慣』という本です。**そう、私はまさに小さな習慣を活用して『小さな習慣』を書きあげました。私の魂から言葉があふれ出してきました。

ばかばかしい考えに思えた小さな習慣がとてもうまくいくことがわかったので、習慣の形成、意志の力、モチベーションについて調べてみると、すべてがつながっていることに気づきました。このばかげた「1日に腕立て伏せ1回」という考えは、実際には科学的にも効果が期待できると証明されたものだったのです。そして、『小さな習慣』は2013年12月22日に出版されました（原書の刊行日です）。私が人生を変える最初の腕立て伏せ1回をしてからほぼ1年後のことです。

ありがたいことに、たくさんの人が『小さな習慣』を読んでくれました。世界中でベストセラーとなり、最初の2年で10を超える言語で12万5000部以上が売れ、3カ国で自己啓発本の売り上げ第1位に輝きました。『小さな習慣』は私が書いた最初の本ですが、その成功は、読者がこの本を読んでつかんだ成功に支えられたものです。大勢の人がこの方法を使って自分の生活を変えることに成功し、その経験をほかの人たちにも伝えてくれました。

**小さな習慣は、ほかの99・9パーセントの自己啓発の本が教えるものとは違います。何よりも続けることを重視しているからです。**持続を強調するという点では正しい本もあるにはあるのですが、多くはそれを実行するためのしっかり考え抜かれた方法を紹介していません。重要なのは、『小さな習慣』はただ「続けよう」というだけではなく、続けることがプランの一部としてすでに組み込まれていることです。

では、このことが減量とどう関係するのでしょう？　調べ始めてみると、思っていたよりも、ずっと関係が深いことがわかりました。行動の変化と身体的な変化は、驚くほど働きが似ています。行動を変えることに失敗するような方法は、体重を減らすことの失敗にもつながります。たとえば、無理にカロリー制限をすると、一時的には体重が減っても、必ずといっていいほどリバウンドします。無理をして高すぎる目標を設定したときに、結局はいつもの生活に逆戻りしてしまうのと同じです。

## 何のために、あなたは体重を減らしたいのか？

太りすぎは犯罪ではありません。人としての価値を下げるわけでもありません。それでも、体重は健康に何らかの影響をおよぼすことがあります。

もし体重を減らしたいのなら、自分のためにそうしてください。「もっとやせるべきだから」とか、一定のＢＭＩ（体格指数）の範囲内にとどめるべきだから、という理由では始めないでください。「ＢＭＩ18・5から25のあいだでなければならない」というルールはありません。体重は人の健康を評価するための薄っぺらで不完全な方法です。ものすごい筋肉をつけて体格の整った人が、ＢＭＩに従えば太りすぎとみなされ、ときには肥満とさえ判断されてしまいます。

あなたが体重を減らしたいと言うとき、あなたが本当に意味しているのは、**息切れせずに子どもたちと遊びたいとか、鏡に映った自分の姿に満足したいとか、誰かに好印象を与えたいとか、健康で長生きしたいとか、生活全般の質を改善したいとか、体にぴったりの服を着こなしたい**とかいうことでしょう。これらはどれも、**自分の本心であるかぎり、体重を減らしたい立派な理由になると思います。**

## 本書の構成

この本はふたつのパートに分かれています。第１部では**減量についての基本を学びます。**現在人気のある減量法はなぜうまくいかないのか、脳と体はどうしたら自然に変化するのか、体のどのような働きで体重が減るのかを説明したあと、結果として選ぶべきベストな減量法を紹介します。

第２部では第１部の結論に基づいて、**具体的な減量プランを考えていきます。**まず、減量のための理想的な心構えから始めましょう。減量を旅にたとえるなら、その旅を全体としてどうとらえるのがいいのでしょうか？　食べるものと運動をどう組み合わせればいいのでしょう？　これらの疑問を徹底的に解き明かしていけば、体重を減らす最善の方法だけでなく、そのための最善の心構えについてもはっきりするはずです。たとえば、加工食品は体重が増える大きな原因であることがわかりますが、正面からその誘惑に抵抗すべきではないこともわかります。

そこまで理解できれば、あなたは小さな習慣のプランを練る準備が整ったことになります。そこからは、あなたのライフスタイルに適したプランづくりを助ける、具体的なアドバイスをしたいと思います。よくあるダイエット法とは違って、小さな習慣は柔軟性があり、あなたにぴったりなプランにすることができます。自分のための小さな習慣計画ができ上がったら、状況に応じてどう調整するかを考えていきます。休日にはどうすべきか、間食やさまざまな誘惑、周囲の人たちからのプレッシャーにどう対処すべきか、外食するときや食品を買うときには何に注意すべきか、といったことです。

世の中にはレシピを紹介しているダイエット本もあります。食べるべき（あるいは食べるべきではない）食品のリストを紹介している本もあります。でも、**この本が教えるのは継続的に体重を減らすために毎日の行動を変える方法です**。それは、世界中のどんなにすばらしいレシピ本よりも、あるいは減量に効果的な食べ物を正確に並べたリストよりも価値あるものです。行動を変えることができれば、なりたいと思っていた自分になることができます。

この本で紹介するテクニックは効果が大きく生活を一変させるものですが、シンプルそのものなので、どんな人でも成功できます。

# 小さなダイエットの習慣◎目次

はじめに

小さな習慣と、腕立て伏せ1回の物語……2
「小さな習慣」の方法を使って書いたのが、前書『小さな習慣』でした……6
何のために、あなたは体重を減らしたいのか？……8

# 第1部 減量に成功するために大切なこと

## 第1章 ダイエットすればするほど太る理由

ダイエットは太る！……22
ダイエットに長期的効果を期待できるのか？……28
「あまりにも急激に食べ方を変えようとすること」が大きな間違い……30
行動をほんの少し変えることで、減量を確実に長続きさせるための方法……34
複利という隠れた力を利用する……39

## 第2章　脳が変われば体は変わる

30日以内で結果が出る？　なんて何の価値もない……44
脳はどのように変化していくのか……45
「モチベーションを上げる」方法は過大評価されている……46
わずかな意志の力を最大の武器にするためには……51
小さな習慣が成功の可能性を最大にする……53

## 第3章　減量のスピードをどう考えればいいのか

体重はなぜ増えるのか……56
あなたの体は変わりたいと思っていない……57
手術による脂肪除去は効果がない……58
体重を減らしたいなら、こっそりと行なう……62
小さな習慣が大きすぎないかどうか、確かめるいちばんの方法……64
「おまけ」はいつもオプション。必ずやる必要はない……66

## 第4章　減量で重要なのは、炭水化物でも脂肪でもカロリーでもない

食べ物を禁じることは最悪の方法……70
「炭水化物は太る」は信用できるのか？……72
「カロリーイン・カロリーアウト」は信用できるのか？……73
「脂肪は太る」は信用できるのか？……74
ノンカロリー減量法の問題点……75
超加工食品こそ体重が増える原因。減量に失敗する最大の理由……77
主要栄養素は問題でも解決策でもない……78
減量するには満腹感を得られることがとくに重要……85
食品は加工すればするほど、血糖反応が高くなり、満腹感が低くなる……87
減量のための未加工食品の重要性……92
加工食品を食べるようになったスウェーデン人に何が起こったか……97
大豆油が幅をきかせていることを知っていましたか？……99
添加される砂糖は肥満のベストフレンド……100
人工甘味料は体内の報酬系を混乱させてしまう……105
なぜ果物が減量のためのチャンピオンなのか……112
健康的な食べ物と死んだ食べ物……119

減量に適した食べ物、適さない食べ物……120
❶超健康食品――減量の味方になる主食……121
❷適度に健康的な食品――控えめながら減量の味方……124
❸議論の余地がある食べ物……125
❹やや不健康な食べ物――体重増加につながるかもしれない……130
❺超不健康な食べ物――確実に体重を増やす……130
健康によく減量効果が高いアルコール飲料……135
運動の目的は「カロリー燃焼」ではない……137
脂肪減少は体重減少より重要？……138
減量の隠れた要因……139

# 第2部 減量のための計画づくり

## 第5章 小さな習慣をどう取り入れていくか

第1の目標は減量ではなく、「行動の変化」……148
過去の体重のことは、忘れてください……157

健康的なライフスタイルはとても楽しいもの……158
流行に惑わされず、健康的な食べ物に集中する……163
減量を目指すのではなく、これ以上体重を増やさないことを目指す……165
減量したいなら次のような考えは捨ててしまってください……165
❶この食べ物は信頼できる。……166
❷この食事だけは小さな例外だ。……166
❸大勢の人がしていることだから大丈夫。……167
❹今ダンスを30秒したところで減量の助けにはならない。……169
❺食べる量を減らさなければならない。……170
恥の意識は解決策ではなく障害……171

## 第6章 何を食べるか

ジャンクフードを禁止しない……180
禁止と、考えなしに食べることの違い……181
健康的な生活を送るための現代ならではの障害……186
食品業界のごまかしを見抜く……187
小麦100パーセント！／マルチグレイン！／全粒小麦を使用！／（100パーセント）

**本物のチーズを使用！／低脂肪！／エクストラ・ヴァージン・オリーブオイル！**
食べ物の好みをどう変えるか……195
健康的な生活を簡単に送るための方法……198
**食事を簡単にするアイデア／全粒穀物製品に切り替える。／料理にはココナッツオイルとオリーブオイルだけを使う。／市販のドレッシングやディップの代わりに、オリーブオイル、ハーブ、スパイス、酢を使う。／ディップが欲しい？　それならフムスとグアカモレを！／大きなフォークと小さなお皿を使う。**
「きれいに平らげる」ことを自分に強いてはいけない……204
アルコールとどうつき合うか……206
食べ物に関する「小さな習慣」……207
**果物を1サービング増やす／生野菜を1サービング増やす／体によい食べ物へ、何かひとつ小さな改善（アップグレード）をする／自宅で健康的な食事を1回つくる／グラス1杯の水を飲む／30回噛む**

## 第7章　フィットネスの小さな習慣

運動との長期的な関係を築く……218
NEATが減量のための隠れた鍵……224

高強度インターバルトレーニング（HIIT）を始めるべきなのか？……232
ウォーキングを基本の活動に取り入れる……239
筋力トレーニングはどう考えればいいのか？……240
運動に関する「小さな習慣」……241

## 第8章　小さな習慣プラン

食べ物と運動に関する「小さな習慣」のアイデア……246
小さな習慣の合図は、どうすればいいのか？……248
5つの食事プランの中からひとつだけ選ぶ……255
**❶食事をアップグレードするプラン／❷食事の砦プラン／❸2×2の食事プラン／❹一途に打ち込むプラン／❺柔軟なミニプラン**
進行状況をどうチェックすればいいのか？……263
小さな習慣に抵抗を感じたら、どうすればいいのか？……265
小さな習慣をさぼってしまうとき、どうすればいいのか？……266
チーズは太る？……276
オーガニック食品を買うべきか？……276
遺伝子組み換え食品（GMO）については？……278

## 第9章 誘惑に負けない状況別の応用作戦

誘惑に負けないための小さなチャレンジ……285
❶1分間瞑想する……286
❷食べたいと思ったものよりヘルシーなものを食べる……287
❸腕立て伏せを1回する、腹筋を1回する、1分間踊る、1分間足踏みする、ジャンピングジャックを1回する、などのうち、どれかひとつをする……287
❹グラス1杯の水を飲む……288
❺食べるのを10分遅らせる……288
❻別の行動への小さなステップを設け、注意をそらす……288
❼別の報酬を用意する……289
❽散歩をする……289
自宅で食べるときの作戦……295
間食に関する作戦……298
外食のときの作戦……301
ホットドッグの見えない力……305
仲間からのプレッシャーがあるときは……308
パーティーと休日のための作戦……313

## 第10章 減量のための小さな習慣、8つの聖なる法則


減量と行動の変化はゆっくり行なうのがいちばん、という新しい考え方……320
イチゴ・チップス・チャレンジ……322
減量のための小さな習慣、8つの聖なる法則……324
**❶ダイエットをしない**……324
**❷健康によくない食べ物を制限しない。何も奪わない**……324
**❸恥の意識を持たない**……326
**❹甲板員ではなく船長になる**……327
**❺自分との交渉と作戦づくりをストップしない（全面的な反抗を認めない）**……328
**❻健康のためのヒーローを頼りにする**……329
**❼努力する**……330
**❽目標と手段を混同してはいけない。両方を適切に使う**……330
減量のための小さな習慣、おさらい……332

この本の終わりに
一生使い続けられて、つねに成功できる方法……339
著者からもう一言……341

# 第1部 減量に成功するために大切なこと

# 第1章 ダイエットすればするほど太る理由

「解決策がわからないのではない。
問題がわかっていないのだ」
――ギルバート・K・チェスタートン

## ダイエットは太る！

さて、心の準備はいいですか？　これから、あなたにとってショッキングな話をしなくてはなりません。

1986年、科学者たちは「ヨーヨーダイエット」が代謝にどのような影響を与えるかを明らかにしようとしました。**ヨーヨーダイエットとは、体重の減少と増加を繰り返すダイエット法のことです。**このダイエットと同じ状況をつくりだすため、科学者たちは実験用の太りすぎのラットのカロリー摂取量を減らし、次には増やすという実験を2回行ないました。

最初に、ラットの体重が131グラム減るまで、えさの量を通常の半分にしました。その後、通常のえさの量に戻し、また太り始めて体重が元に戻ったところで、もう一度、えさの量を半分に減らしました。今度は133グラム体重が減りました。減った体重は1回目とほとんど同じです。しかし、ここで重要なのは、ダイエットをしている人たちがもっとも気になる、「体重がどれだけ減ったか」ではありません。科学者たちが注目したのは、ラットが**「体重を減らすまでにかかった時間」**でした。ヨーヨーダイエットがラットの代謝にどう影響するか、つまり、ラットの体重が減りやすくなるのか（あるいは増えやすくなるのか）、その傾向を知りたかったからです。結果として、劇的な変化が見られました。ただし、それは減量を目指す人を勇気づける変化ではありませんでした。

ラットの体重が最初に131グラム減るまでには21日かかりました。同じカロリー制限を行なった2回目は、46日かかりました。**2倍以上長くかかったことになります。**体重が増えるほうについてはもっと極端で、減らした体重が元の体重に戻るまでに、最初は29日かかりましたが、2回目にはわずか10日で元に戻ってしまいました。

**体重の変化を繰り返すことによって、ラットの体重は2倍以上減りにくくなり、3倍近く増えやすくなったことがわかります**（この実験は、えさの内容は変えずに体重の増減にかかる時間だけを比較したものです）。

体重の増減を繰り返したことで、ラットは摂取したカロリーをあまり消費せず、できるかぎり蓄えておく体質に変わりました。これは体重を減らそうとしている人（あるいはラット）にとってはありがたくない変化ですが、飢えた動物にとっては生き残るための自然な反応です。もし飢饉が頻繁に起こる時代に暮らしているのなら、このようにカロリーを効率よく蓄えられることが、生命を維持することにつながるでしょう。しかし、現在のように食べ物があふれるほどある時代でも、同じような飢餓状態に置かれれば、体は同じ反応を示します。つまり、**体重を減らすために無理なカロリー制限をすると、自然に代謝の働きが低下し、カロリーを燃焼しすぎないようにします。**なぜなら体が、「もしかしたら次の食事がとれるのはずっと先のことかもしれない」と考えるからです。

カロリー制限をするヨーヨーダイエットによってラットの代謝が変化し、体重が増えることがわかった研究は、ほかにもたくさんあります。これはラットだけに起こる現象で、人間には関係がないのでしょうか？　あるいは30年前の古い研究結果にすぎないのでしょうか？

そうであればよかったのですが、残念ながらこの代謝のメカニズムは、現在の私たちの体にも当てはまります。

たとえば、次のような調査結果があります。UCLAの研究者がダイエットに関する31種類の長期研究を調べなおし、その結果を総合したところ、33パーセントから66パーセントの人が、リバウンドで体重が増えていました。ダイエットのあいだに減らした分よりもっと多く増えてしまったのです。これだけでも驚きの結果ですが、これで終わりではありません。調査結果から数年後、参加者の多くに連絡をとり追跡調査をしましたが、全員が体重の変化について回答してくれたわけではありませんでした。返答がなかったのは、どんな人だったと思いますか? 体重がほぼ元に戻ってしまい、恥ずかしく思っていた人たちです。

調査の報告書にはこう書かれています。「これらの研究は、ダイエットが減量に逆効果であることを見逃している傾向があり、当初の減量の効果が持続するかのような印象を与えるものばかりだった。研究のアプローチにいくつか問題があったと考えられる」

9歳から14歳の約1万5000人の子どもたちを対象にした3年におよぶ研究では、ダイエットをした子は大食いの傾向が増すことがわかりました。調査期間を通じて、男女どちらでもダイエットを経験した子は、その頻度にかかわらず、体重が増える傾向が見られました。これも、ダイエットの効果を信じる人たちにとって大きな打撃となる結果です。

双子を比較した別の研究もあります。遺伝的特徴が共通する点で興味深い研究といえるでしょう。フィンランドの4000組以上の双子を25年にわたって調査したところ、ダイエットを行なった双子の一方は、もう一方よりも体重が増え、その後もダイエットを試みるたびに体重がさらに増えました。おそらくダイエットをしたことによる欠乏感で逆に食べたいという欲求が高まり、結局はたくさん食べてしまったため、体重の増加につながったのだと思われます。

「ミネソタ飢餓実験」と呼ばれる1944年の研究では、36人のボランティアの男性が24週間にわたって極端なカロリー制限を行ないました。観察結果のなかでとくに注目されるのは、彼らの大部分が気分の落ち込みを感じ、精神的な苦痛を味わったことです。それでも、少なくとも体重は減ったのでは？　確かにそうです。予想どおり最初は成果が上がりましたが、結果的には失敗しました。

参加者は24週間、1日の摂取カロリーを1600キロカロリーに抑えられました。成人男性に必要とされる摂取カロリーよりもかなり少なめです。最初は順調に体重が減りましたが、その後、体は飢えた状態に持ちこたえるための反応を示し始めました。「最初の12週間に参加者は週平均450グラム体重が減ったが、次の12週間には摂取カロリーはそのままなのに、週平均113グラムしか減らなかった」。体がカロリーを効率よく蓄えるように変化するにつれ、減量のスピードはどんどん落ちていきました。自分のウエストサイズを気にしている人には不都合な話ですが、実は生存のための驚くべき適応力の表れです。

実験の最終段階で、体を回復させるため十分な量を食べることを認められた男性たちは、1日に1万キロカロリー分も食べました。これほどわかりやすい体の反応がほかにあるでしょうか。もしこの実験参加者の体が言葉を話せたとしたら、こう言うにちがいありません。「ああ腹が減った！　できるだけ多くのエネルギーを蓄えておけ！　食べ物が手に入るときにはむさぼり食って、それを脂肪として保存し、次の飢えの時期に備えるんだ！」。それがまさに男性たちの体に起こったことでした。彼らはものすごい勢いで元の体重に戻り、それから元の体重をいくらか超えました。そして、実験開始前と比べて、50パーセントも多く体脂肪を蓄積しました。これは大変！

アメリカの人気テレビ番組『ザ・ビッゲスト・ルーザー』は、数百万の視聴者を抱える、これまででもっとも成功したリアリティ番組といわれています。この番組のテーマは、「番組の終わりまでに、どの参加者がいちばん体重を減らせるか」です。

番組のなかで使われる減量のためのメニューはどんなものだと思いますか？　短期間に数キロから、ときには数十キロの大減量に成功する方法とはどんなものでしょう？　それは、ミネソタ飢餓実験で使われたものとほとんど変わりません。毎日何時間も運動し、厳しいカロリー制限をして、カロリー消費量を摂取量より大きくするというものです。もちろん成功するでしょう。番組の継続中は、参加者は大幅な減量に成功しました。45キロ以上減らした人もいました。それで番組終了後には？

番組終了後に6年間、『ザ・ビッゲスト・ルーザー』の参加者14人を追跡した調査では、ただ1人をのぞき、全員が元の体重に戻っていました。4人は番組開始時の体重を上回ってさえいました。さらに悪いことに、ほとんど全員が異常なほどの代謝の悪さに悩んでいました。代謝が悪いと体重を減らすのがむずかしくなり、逆に驚くほど太りやすくなります。

この調査結果が2016年5月に発表されたとき、私はテレビの情報番組『グッド・モーニング・アメリカ』でこの話題が取り上げられているのを見ました。番組のゲストたちはこの事実を何十年も知らずにきたかのように反応しました。私が最初に考えたのは、「なぜ彼らは驚いたふりをしているのだろう？」ということです。

あなたがもっと太りたいのなら、どうぞダイエットを試してください。「X日でYキロの減量」を約束する本を買ってください。科学はこれらが体重を増やす方法になることをはっきりと証明しています。あなたは体重を減らしたいのですか？　それなら、あなたには別の方法が必要です。

「これからダイエットをする」という人はみな、結果として体重が増えて終わる可能性があります。これは私の一意見ではありません。科学的データが示していることなのです。**短期間の減量法の最大の欠点は、必死に耐えた時間と努力を無駄にするのに加え、さらなる体重増加につながる**ということです。ここで紹介した研究の参加者やラットは、ダイエットのための「夢のシナリオ」に従っていました。誰かほかの人にカロリーをコントロールしてもらい、食べる量を減らすために自分で努力をする必要はありませんでした。ところが、その方法は最終的には全員をもっと太らせただけです。それなのに、カロリー制限は世界中でもっとも一般的な減量法だというのですから、まったく、ため息しか出ません。

**カロリー制限は問題の一部にすぎません。「ダイエットすること」自体が大きな問題なの**

**です。**高品質で栄養も豊富な食事をとり、減量効果を長続きさせることをめざすダイエット法というのもいくつかあります。しかし、それほど多くの人が栄養に気を配った健康的な食事をしているのなら、なぜ肥満率は上がり続けるばかりなのでしょう？

答えは簡単です。減量を成功させる鍵は、ブルーベリーやブドウを食べるかどうかではありません。スローカーブ・ダイエット（＊訳注……週6日間は炭水化物をとらないダイエット）、低炭水化物ダイエット、低カロリーダイエット、パレオダイエット（＊訳注……狩猟採集時代の原始人の食事を再現したダイエット）、地中海ダイエット（＊訳注……地中海地方の伝統的な食事をもとにしたダイエット）のどれを選ぶかではありません。30日間、完璧なダイエットを実行できるかどうかでもありません。**減量の鍵は、新たに取り入れる健康的なライフスタイルを長く維持できるかどうか**です。間違った方法を選ぶと、時間を無駄にするだけでなく、途中で代謝を狂わせるか、健康的な食べ物についての考え方を混乱させてしまうでしょう（もしあなたがすでにその状態にあるなら、正しい方法でこの間違いを正すことができます。体と心には自然の治癒能力があるのです）。

では、ダイエットの問題の根っこに迫ってみましょう。

## ダイエットに長期的効果を期待できるのか？

科学者たちが「ダイエット」こそが減量のための方法と仮定してからというもの、さまざまなダイエット法の効果を証明しようと、多くの短期的研究が行なわれてきました。健康心理学が専門のジャネット・トミヤマは、『アメリカン・サイコロジスト』誌でこう報告しています。「ダイエットの長期的な成功を裏づけるものとしてたびたび引用されるいくつかの研究は、参加者の追跡調査を1年、半年、ときにはそれより短い期間しか行なっていなかった」

減量とダイエットについての短期的な研究は多すぎるほどあります。それに比べて、長期的な研究はほんのわずか。なぜなら、長期的な研究の結果は私たちが望むものではないからです。7年半におよんだある長期調査では、低脂肪ダイエットをした女性は、普通の食事をしていた女性よりも体重がほんの450グラムほど少ないだけでした。ダイエットに関する研究では、カロリー制限をする方法でも、質のよい食事をする方法でも、ほとんどのダイエット法が短期的には効果があるという結果が出ています。ところが、一般には長期的な効果はありません。それは、間違った方法が使われているからです。

私たちがいつも減量に失敗してしまうのは、短期的な成果にばかり注目してしまうからです。たとえば、友人がスムージークレンズ・ダイエットを使って2週間で5キロやせたのを見れば、すぐにまねしようとする人がいます。それが人生の大きなあやまちであるとは気づかずに。

あなたは唯一効果が期待できる短期の減量法を知っていますか？　食べ物をまったく口にせず、1日に2時間運動をすればいいのです。これまでの人生で経験したことがないほど、すばやく大幅に体重を減らせるはずです。私が考案したこの新しい「食べ物をまったく必要としない最新ダイエット」は、あまりに急激に体重が減るために、言うまでもなく危険です。多ければ1週間に10キロも減るのですから！　本当に効果があるダイエット法です。もちろん、これは皮肉を込めて言っています。決してこの「食べ物をまったく必要としない最新ダイエット」を試したりしないでください！　これを読んで、ばかげた話だとあざ笑う人たちもいるでしょうが、彼らのなかにだって、これとまったく同じ方法をもう少し控えめな形で試している人がいるはずです。たとえば、カロリー制限ダイエットや、カロリー制限に見せかけたクレンズ法などのダイエットがそうです。

短期的な解決策は、減量には何の価値もありません。そのダイエット法が1週間ではなく30日と言っていても、完全な絶食ではなくグリーンスムージーを何杯かなら飲んでもいいと言っていても、長く続けることはできません。世間で宣伝されているほとんどすべての減量プランは長続きしない薄っぺらなもので、あなたの時間を無駄にするだけで終わります。

## 「あまりにも急激に食べ方を変えようとすること」が大きな間違い

ダイエット業界がすすめる減量法は、食べるものの種類か量のどちらかを変えるものばかりだと気づいていましたか？　ダイエット本はどれもこれも、太る原因は炭水化物だ、肉だ、カロリーだ、小麦だ、などと教えています。これらの本は次のような公式にまとめられます。

**1．新しいダイエット本が出る。**
**2．その本は「ほかのダイエット法がうまくいかない理由」を説明する――炭水化物のとりすぎ、魚油の不足、果物のとりすぎ、果物の不足、主要栄養素の間違った割合、ダイエットソーダ（＊訳注……カロリーオフの炭酸飲料）の不足、カロリーのとりすぎ、運動不足、小麦のとりすぎなど。**
**3．その本は「理想的なダイエット」として新しい理論を紹介する。**

この流れそのものは間違っていません。私たちが食べるものに疑いを投げかけ、健康と体重管理のために理想的なものを探そうとするのは理にかなっています。しかし、これらの本は注目すべきポイントを間違えています。私たちは完璧なダイエットの公式を必要としているのではなく、間違ったダイエット法に代わるものを必要としているのです。減量のための「ダイエット以外の解決策」を紹介している本でさえ、結局はまったく同じダイエットの原則を取り入れています。よくあるのは、食べるべき食品と食べるべきではない食品のリストを挙げて、長続きしない何らかのプランを紹介するものです（運がよければ、自分をごまかして「ズル」できる日が含まれるプランの場合もあります）。

私たちは毎日の食事のとり方に問題があるのだと思い込んでいます。それが、本当はシンプルであるはずの目標（体によい本物の食品で減量する）を、あまりに複雑にしています。

**ダイエットの間違ったコンセプトとは、あまりにも急激に食べ方を変えようとすることで**

**す**。すべてではないにしても多くのダイエット法は、目標達成のための特定の期間を設けています。

それが一生続けることを目指したものでも、10日から30日での達成を目指したものでも、通常は「この食べ方をすれば体重が減る。やる気を出して、さっそく始めよう。幸運を！」と背中を押して終わりです。

たとえば、ルールを定めず、ただ正しい食べ物だけを食べるという食事法を試す人がいます。この方法は柔軟性があるために、正解に近くはあるのですが、プランの組み立てが十分ではないために行動を変えるには至りません。

あるいは、減量に取り組むあいだ、自分では何も決めず、指示されたことだけをしようとする人もいます。このやり方は最初のうちはうまくいくかもしれませんが、最終的には誰も自分の食べるものは自分で決めようとします。自分の意思による選択を排除して、効果が上がることはめったにありません。なぜなら自分で選ぶという力はいつでも取り戻せるからです。そうであれば、どう選ぶのか、その方法を変えるほうがよほど効果があります。

またあるいは、食べるものの種類を無視して、ただカロリー計算だけで目標数字を達成しようとする人もいます。しかし、**カロリー制限は続けるのが苦痛でしかなく、正確に計算することもできません。栄養を適切にとることを重視しないため、すでに述べたように、長期的には体重を増やす結果になってしまいます**。ジョナサン・ベイラーは著書『シアトル式ココロもカラダもキレイになる究極の食事』（上野元美訳、シャスタインターナショナル、

2016年）のなかで、カロリー計算は正確性に問題があるという点を完結にこうまとめています。「1970年代後半以降、私たちが1日に摂取するカロリーは徐々に増え、570キロカロリーも多くなった。しかし、その数十年のあいだに増えた1日のカロリー数を控えめに300キロカロリーだと仮定してみよう。伝統的なカロリー計算に従えば、平均的アメリカ人は1977年から2006年のあいだに、脂肪摂取量が410キロカロリー増えているはずである」。実際の数字はこうはなりませんでした。伝統的なカロリー計算法はまったくのたわごとにすぎないからです。人の体は計算機ではありません。単純な「カロリーイン・カロリーアウト」――摂取したカロリーより消費カロリーを多くすれば、体重は増えないという考え方――ではなく、「摂取したカロリーは体内での複雑な化学的反応により変化するため、消費すべきカロリー量も変わる」が正しいのです。

もしあなたがダイエットを途中でやめた経験があるのなら、おそらく「この方法は厳しすぎた」とか「複雑すぎた」とか「退屈すぎた」などを、自分への言い訳にしてきたことでしょう。それはおそらく本当でしょうが、そう考えてしまうのは、あなたがいつかは「正しいダイエット法」を見つけられると間違って思い込んでいるからです。

優れた減量本は（できるかぎりクリエイティブに、そして独創的に見えるようにほんの少し工夫して）あなたにこう教えるはずです。**加工食品は体に悪く、太る原因になる、と。健康的な食べ物はスリムで健康な体をつくります。**結果を出すには食生活を変化させることが必要ですが、減量に成功できるかどうかは、プランをどう実行していくかで決まります。

## 行動をほんの少し変えることで、減量を確実に長続きさせるための方法

**メタ分析とは「複数の研究についての研究」のこと**で、もっとも信頼できて役立つ科学的データを提供してくれます。あるテーマに関する研究で、何か特定の見解が正しいか誤っているかを論じようと思えば、それを裏づけるデータを見つけることはできます。しかし、それとは矛盾するデータを提供している研究もあるかもしれません。そうした場合、その分野のもっと多くの研究を調べてみて、ほとんどが正しいと言っている見解であれば、それが正しい観察結果である可能性が高まります。

減量のための食事法についても、今までいくつかのメタ分析が行なわれてきました。さまざまな食事法に注目して、もっとも健康や減量に効果的なものを選び出していますが、「最善の食事法」はどれかにばかり注目しているという問題がありました。注目したいのは、**どの分析も、人々は自分が選んだ食事法を長期的には続けていないという結果を得た**ことです。

ある分析結果はこう述べています。「われわれのメタ分析が調査対象にした研究のほぼ半分で、特定の食事制限を行なった参加者の完遂率が70パーセント未満だった」。70パーセントならそれほど悪くはない気もしますが、これらが短期的な実験であることを考えれば、実はひどい数字です。短期の実験で3割もの参加者が最後まで続けられなかったわけですから。参加者は体重の推移のデータだけでなく、何がその食事法の大きな妨げになったかについて

も報告しました。彼らはその食事法を続ける動機づけを与えられ、決まった期間だけ続ければよかったのですが、それでも、途中であきらめてしまいました。もしこれほど多くの人がその方法で失敗しているのなら、外からの動機づけやサポートがほとんどない状況で、自力でダイエットをしようとする人にとっては、成功するのはどれほど大変なことでしょう。

合わせて6万8128人の成人を対象にした53件の研究についての別のメタ分析について、ケヴィン・ホール博士はこう結論づけました。**「明らかだと思えるのは、それが低脂肪ダイエットだろうと低炭水化物ダイエットだろうと、長く続けるという点では大失敗に終わるということである」**。カロリー制限による無理な減量を避けるという正しい判断をしたときでさえ、栄養素に基づいた食事法は続けるのがむずかしそうに見えます。それは、食事にばかり目を向けて、行動を変えることに失敗しているからです。

これらのダイエット法の多くは、長く続ければ成功するはずのものですが、「どんなことがあっても続けよう」という意志の力が先に底をついてしまいます。私たちが必要としているのは、すでに身についている習慣や体のメカニズムに、忍者のように忍び込める賢い減量プランです。でもそこで、もうひとつの問題にぶつかることになります。ダイエットだけでなく、これまでの自己啓発本に書かれてきた習慣形成についてのアドバイスもまた効果がないのです（その理由については第2章で説明します）。

本書はダイエット本ではありません。ですから、ダイエットの成功率についてのがっかりするデータは、この本には当てはまりません。**この本が教えるのは、行動をほんの少し変えることで減量を確実に長続きさせるための方法です。**このテーマについての研究はほとんど見つかりません。それは、これがダイエット法ではないからです。それでも私は、勇気づけられるいくつかの研究を見つけました。

ある研究は3つのグループを追跡しました。そのうち、ちょっとした行動の変化を取り入れたグループは、従来のダイエットをしたグループ、何もしなかったグループと比べ、かなり体重を減らしましたが、追跡調査は3カ月しか続けられませんでした。彼らの変化はその3カ月のあいだは維持されましたが、もっと長く追跡していれば、より役立つデータになっていたことでしょう。

ほとんど知られていないものの、希望を与えてくれるもうひとつの研究では、ダイエットの継続と減量の成功、そしてその維持のあいだには、はっきりした相関関係があることが示されました。研究者たちは長期的な減量に成功している人たちのデータが掲載されている「全米体重管理登録簿」に注目し、「週を通してダイエットを継続していると報告した参加者は、週末に集中してより厳しいダイエット法を実施していた参加者よりも、翌年になってからの体重の変化を2・3キロ以内にとどめる確率が1・5倍高かった」ことを発見しました。

継続は行動を変化させるための鍵というだけではありません。続けられていることが、行動が本当に変化している証拠にもなります。特定の食事法を自分に強いている人たちは、しばしば挫折して「ズルをする日」をつくってしまいます。自分の食べたいものを食べてしまうのです。**減量に成功するのは、習慣形成の力を借りて、自分の食べ物の好みを変えていく人たちです。**

もうそろそろ新しいアプローチに切り替えてもいい頃です。そこでいよいよ「小さな習慣」の出番となります。私たちはこれから、世界中に広がる肥満という大きな問題に、世界中でもっとも効果的な変化を起こす方法で取り組もうとしています。**「小さな習慣」はこれまでとは根本的に異なる減量へのアプローチ**といえます。何を食べるかをすすめるのではなく（これについても検討しますが）、食事と行動の習慣を変化させることが目標です。

これが減量について私が書くただ一冊の本になることはほぼ間違いないので、短期的な成功で読者をだますつもりはありません。私がこの本を書こうと思ったのは、読者のみなさんに一生続けられる解決策を紹介し、みなさんが自然なペースで自分の体と脳を変えるお手伝いをしたかったからです。

## 長続きする変化のために必要なことはただひとつ

**長続きする変化のために必要なことはひとつだけ。同じ行動を継続すること**です。小さな習慣はまさにこの必要を満たすために考えられたもので、これ以上ないというほどシンプルで簡単な、行動の変化のための究極のツールになるはずです。その力を具体的に示すため、小さな習慣のおかげで私の実生活に起こったいくつかの変化を教えましょう（この文章を書いている時点で、始めてから2年以上たった今もすべて継続しています)。

・私は2年以上、ジム通いを続けています。これまでの人生で今がベストな体型です。
・世界的ベストセラーになった本を2冊、また数百のブログ投稿を書きました。2年間ずっと、一度も休まずに毎週ブログを書いてきました。
・現在は年に12冊から20冊の本を読んでいます。以前は年に1冊がやっとでした。

以上が私に起こった変化です。それまでの経験からすれば考えられないほどの変化ですが、私は笑い飛ばせるような方法でそれを成し遂げました。

・フィットネスに関する小さな習慣――毎日腕立て伏せ1回
・書くことに関する小さな習慣――毎日50ワード
・読むことに関する小さな習慣――毎日2ページ

私の人生の大きな達成は、この3つの行動によって成し遂げられました。全部合わせても1日5分もかからずに終わってしまうような時間を積み重ねていったのです。これが小さな習慣です。

## 複利という隠れた力を利用する

31日のあいだ毎日価値が倍になる1セントと、まとまった500万ドルのどちらかを選べると想像してみてください。びっくりするかもしれませんが、あなたが500万ドルに飛びつこうとするとしたら、頭がおかしい証拠です。1セントは31日後になれば、1000万ドルを超えているのですから（この例を『複利の効果 The Compound Effect』で紹介してくれたダレン・ハーディに敬意を表します）。この興味深い事実は人生におけるすべての問題とその解決策を明らかにしてくれます。

**人生で起こるさまざまな問題の解決策は、望ましい方向への小さな選択を積み重ね、倍々にしていく作業に集中することです。**ところが、私たちにはこの解決策が見えていません。500万ドルの札束のような、はっきり目に見えるもののほうに簡単に注意をそらされてしまい、そのため、もっと小さいながらも強力な、倍々で大きくなる変化には注意が向かないのです。

これを毎月1ポンド（約450グラム）体重が増えるか減るか、に置き換えて考えてみましょう。1年後には、あなたの体重は5・4キロ増えているか減っているかのどちらかで、このふたつのシナリオのあいだには10・8キロもの違いが生まれます。1カ月ごとの体重の変化は小さなものでも、それが積み重なると相当大きな違いになるということです。

1ポンド増えるか減るか、ひとたびそのどちらに動くかが決まると、体重はその方向へまっしぐらに進んでいきます。勢いと感情、それによって生じる経験によって、前進する力は加速度的に大きくなります。複利を生むのです。もっとわかりやすい言い方をするなら、あなたは今の体重より10キロ軽くなったときにどんなふうに感じると思いますか？　あなたのエネルギーにどんな影響を与えると思いますか？　あなたのさらに先へ進もうという動機づけや意志の力をどう変えるでしょう？　どちらの方向に進むかによって、1カ月にたった1ポンドの体重の増減が、1年後には身体的にも心理的にもあなたをずっと先まで進ませるか、かなりおくれをとらせるかという大きな違いを生みます。

誤解しないでいただきたいのですが、1カ月で1ポンド減らすことがここでの目標ではありません。複利を生む結果は大きいのですが、まず、どこからスタートするかを決める必要があります。もしあなたが1セントを31日間、毎日倍にしていけるのであれば、31日後には1000万ドル以上を手にします。倍にするものが何もなければ、31日たっても何も変わりません。小さな1セント硬貨はただ重要なだけではなく、それがすべての始まりになるのです。

## 持続する生活改善の方法

この本で紹介する方法を使って成功すれば、あとは、変化した新しい自分をあなた自身が受け入れるかどうかだけ。新しい自分を認められれば、あとは自然な流れで、今よりも健康なあなたになれます。

やせ薬や外科手術、絶食のようなうわべだけの方法で減量している人は、最初のうちは順調に体重が減っていくのを見て興奮するかもしれません。しかし、どのようにその結果を得たかという点では、喜びに満たされることはないでしょう。そして、当然のことながら体重が元に戻ったときには、ひどい失望を味わうはずです。それとは対照的に、あなたが自分の生活を改善するための長続きする本物のプランを練り上げたときには、外見の変化を望む気持ちは薄れ、内なる成長に喜びを感じている自分に驚くことでしょう。それはあなたが人間として成長したからです。今はまだ私の言うことを信じられないかもしれませんが、最終的には、それがあなたにとって体重計の数字よりも重要になるはずです。

第1部
減量に成功するために大切なこと

# 第2章
# 脳が変われば体は変わる

「習慣は理性より強し」
——ジョージア・サンタヤナ

## 30日以内で結果が出る？　なんて何の価値もない

もし「X日でYキロの減量」と書かれている本を目にしたら、すぐに燃やしてしまいましょう。デジタル版なら、あざ笑ってください。そして、お願いですから、どんなにケールが好きでも、7日、10日、21日、あるいは30日の達成期限を決めて減量に取り組むのはやめてください。一生が2万8000日ほどの長さなら、30日しか効果が持続しない変化なんて、人生全体では何の価値もありません。

30日間いつもと違う行動をとれば、その後は習慣として続けられるか、その変化を保とうとするモチベーションが高まるという考え方は理解できます。でも、21日や30日で習慣が身につくという科学的証拠はひとつも見つかりませんでした。2009年に行なわれたある研究では、参加者が習慣を身につけるまでに平均66日かかりました。実際には人によって18日から254日と大きな幅がありました。この結果からふたつのことがわかります。まず、脳は本当にゆっくりとしか変化しないものなので、与えられた行動を受け入れるのにどのくらいの時間がかかるかは予想がつきません。新しい行動が30日たっても習慣化されない可能性は大きいのです。

何かを変化させるときに大事なのは、30日間戦いを続けられるかどうかではありません。**減量の鍵は、体を変化させる前に、脳を変化させるということ**です。

でしょう。

## 脳はどのように変化していくのか

脳の状態が体の状態を決めるのなら、まず、脳がどのように変化するかを知っておくべきでしょう。

あなたの脳を支配しているボスは、潜在意識の脳です。潜在意識はあなたの行動の半分ほどに直接指令を出し、意識的な決断につねに影響を与えています。脳はつねに潜在意識と戦おうとするのですが、いつも負けてしまいます。そこで、私たちが考える作戦は、潜在意識の性質そのものを利用して、変化を起こさせるというものです。これは、「ただ強く望めばいい」というような精神論とは違います。

脳が本来持つ性質とは何でしょう？ **脳はよくできたもので、いわばゆっくりと変化していく機械のようなもの**です。もし脳が一晩ですっかり変化してしまうようなら、いつも不安定な状態になってしまいます。たとえば、あなたは普段、朝起きたらコーヒーとベーグルの朝食を食べながら新聞を読み、犬の散歩をし、テレビのニュースを見るとしましょう。それが日課として習慣化されています。ところがある日、午前3時に近所の人から電話がかかってきて、下着姿でその家まで駆けつけなければならなくなりました。あなたの脳がこれを新しい日課として受け入れ、毎日午前3時に下着姿で外を走り続けることになったらどうでしょう？ そんなことを望む人はいないはずです。だから、何度も繰り返さないと脳がその行動を習慣にしないのはよいことなのです。

## 「新年に立てる誓い」は92パーセントが失敗に終わるというデータがあります。

何かを変えようという試みは本当によく失敗します。そして、誰かが失敗したときにはその理由を、その人が怠け者だからとか、目標を達成するためのモチベーションが十分ではなかったからだと考えがちです。しかし、**ほとんどの計画が失敗に終わる本当の理由は、その計画が脳の変化のプロセスにうまく合っていなかったから**です。どんなに「最高のアイデア」と思えても、それが実行できないものであれば何の価値もありません。

問題は「どうしたら一貫した行動を続けられるか」でしょう。その答えは簡単です。

意志の力とモチベーションが、私たちが意識的に行動するときの（つまり習慣からの行動ではないときの）ふたつのメカニズムです。**モチベーションは行動したいという「欲求」です。意志の力は、感情とは関係なく行動しようという「決心」**です。世の中に出回っている自己啓発の本は、ダイエット本を含めてほとんどすべてが、できるかぎりモチベーションを高めるようにアドバイスし、意志の力は予備として使うことをすすめています。でも、最初にモチベーションに頼るのは、優れた方法とはいえません。

## 「モチベーションを上げる」方法は過大評価されている

モチベーション重視の方法が人気なのは、成功率が高いというイメージが持たれているためです。しかし、それは実際の成功率とは違います。あなたが目にするモチベーションの成功話のすべてに、それよりもっと多くの失敗話が隠れています。成功率が2パーセントで、残りの98パーセントは無視されているのなら、その効果への私たちの認識は、極端にゆがめられていることになります。失敗した話がわざわざ書かれることはありませんが、ここでひとつ紹介しましょう。私は10年間、モチベーションを高める努力をしましたが、ほとんどまったく成果がありませんでした。

ゆがめられているのは、モチベーションを使って成功する人の割合だけではありません。個々の人が毎日の生活のなかで、モチベーションの効果を過大評価しています。

うまくいっていることに注意を向けるのは自然なことです。そのため、モチベーションが高まったときには減量という目標を達成するために健康的な食事をし、その直前に感じたモチベーションのおかげで行動を起こせた（健康的な食事をした）と考えるわけです。過去に成功したことを繰り返そうと思うのは理にかなったことですよね？　確かにそうです。でもそのやり方は、過去の成功率が本当に高いときにだけ正しいといえます。たった1回の成功例はあてにはなりません。

私はモチベーションを否定しているわけではありません。今だってモチベーションが高まった状態でこの文章を書いています。モチベーションは私たちを助けてくれる本当に価値あるものです。ただ、行動を変化させるための基礎にするには、役に立たないと言いたいのです。基礎は安定していて信頼できるものでなければならず、モチベーションは信頼できません。それだけです。ではなぜ、私たちはモチベーションが信頼できると考えてしまうのでしょう？

## 十分に望んでいるか？

代表的なモチベーション理論は、変化を実現させるにはただ「もっと強く望む」だけでいい、と教えます。もしあなたが目標を達成できないとすれば、十分にそれを望まなかったあなたの責任ということです。世界が肥満とそれに関連した病気に悩まされているときに、私たちは変化を十分に望んではいないというのです。自分自身の命を救い、よりよい人生を送るために、十分なモチベーションを得られないのは残念なことです。でもちょっと待ってください。減量産業は２０１４年に６４０億ドルもの利益をあげました。これだけ巨額のお金が何かに使われているということは、人々の関心は大気圏を突き抜けるほど大きいということではないでしょうか。

残念ながら、今この瞬間にも、世界中の数十億とはいわないまでも数百万の人が、自分はどうしてうまくいかないのかと不思議に思っています。彼らはまったく悪くありません。体重を減らそうと大変な努力をしてお金まで支払いましたが、それでもまだ彼らの変化を望む気持ちが十分ではないと言われています。こんな間違いは犯罪といっていいほどです。人々は十分すぎるほどの望みを持っています。ただ、実行不可能な方法に頼らずにすむ、もっと賢い方法を必要としているだけなのです。

モチベーションについて完全に理解するためには、ふたつのタイプのモチベーションを区別して考えることが重要です。

## ふたつのタイプのモチベーション

次の文を読んでみてください。「私は禁煙したいというモチベーションが高まっている。けれども同時に、今すぐこのたばこを吸いたいというモチベーションが高まっている」

これらはふたつの矛盾したモチベーションというだけではなく、種類の異なるふたつのモチベーションです。禁煙するというモチベーションは普段から持ち続けている「長期的な欲求」です。たばこを吸いたいというモチベーションは「瞬間的な欲求」です。

瞬間的なモチベーションは、長期的なモチベーションよりずっと複雑です。何かをしたい、あるいは何かをしたくないという瞬間的な欲求は、いくつもの要因や長期的な欲求に影響されています。たとえば、あなたが今すぐドーナツを食べるという選択は、次のような複数のモチベーションに影響されているかもしれません。

- ・健康になる——このドーナツは食べたくない！
- ・おいしいものを食べる——このドーナツを食べたい！
- ・満足感を得る——このドーナツを食べたい！

・ドーナツを食べている友人たちに溶け込む——このドーナツを食べたい！
・体重が増えるのを避ける——このドーナツを食べたくない！
・海水浴シーズンにそなえる——このドーナツを食べたくない！

ほかにも、ストレスレベルや自分自身との対話、感情なども影響します。あなたのこれまでの経験を思い起こしてみてください。何をやってもうまくいかない日に、何かポジティブなことをしようというモチベーションはどうなるでしょう？　いつもより弱まっているはずです。物事がうまくいく日には、モチベーションも高まります。そして、とりたてて何の理由もないのに、モチベーションが急に落ち込んだという経験もあるのではないでしょうか？私にもあります。それは、瞬間的なモチベーションの多くは感情に左右されるからです。瞬間的なモチベーションは扱いづらく、複雑で、予想がつきません。それは、モチベーションに影響を与える要素がつねに変化するからです。

逆に、長期的なモチベーションは、驚くほどシンプルで安定しています。今すぐドーナツを食べたいという瞬間的な欲求は、特定の状況下で何らかの刺激を受けることによって生まれますが、普段はドーナツを食べるという行動とその結果を、状況とは関係なく客観的に考えています。長期的なモチベーションは感情ではなく、理性的な思考に基づいた見解です。

## なぜ意志の力よりモチベーションを使おうとするのか

この最後のポイントを理解しておくことは重要です。私たちはモチベーションを使って目標を達成することを好みます。なぜなら、何かをするモチベーションがあるということは、すでにそれをしたがっていることを意味するからです。ほかの条件が同じなら、自分のやりたいことをするほうが、何かをするように自分に強いるより好ましいはずです。

瞬間的なモチベーションはターボエンジンのようなものです。その力を感じたときは爽快な気分になるかもしれませんが、行動のための主力エンジンとして使うのはやめましょう。モチベーションを使わないのであれば、ほかに何を使うのか？　そう、**意志の力**です。

## わずかな意志の力を最大の武器にするためには

前書『小さな習慣』で、読者のみなさんにこんな練習をしてもらいました。私があなたに**「今すぐ自分の鼻を触ってください」**と言えば、あなたにはそうすることができるでしょう。もっとも、そのとおりに行動しようという瞬間的なモチベーションはおそらく弱いはずです。実際にやってみようとしたただひとつの理由は、私があなたにそうするようにお願いし、あなたはそれくらいなら実験してみようと思ったからです。

**小さな意志の力を使えば、瞬間的なモチベーションに反する行動もできるようになります。**

意志の力はモチベーションよりも行動変化のための出発点として優れています。しかし、これが「今すぐ自分の鼻を100回触る」ことだとしたら、あなたは行動に移すことができるでしょうか？　あるいは1000回なら？　3万回なら？　おそらくできないでしょう。意志の力には限界があるのです。

どんな変化でも、それを起こすための効果的な方法は（とくに減量のような困難な目標の場合には）、**理想的な状況だけでなく、最悪の状況のときにも成功を約束するものでなければなりません。意志の力はモチベーションがわずかしかないか、まったくないときにも効果を発揮します。**けれども、意志の力を最大の武器にするのなら、その弱みも探っておくべきです。

フロリダ州立大学のロイ・F・バウマイスター教授は、「意志力研究の父」と呼べるでしょう。彼が行なった数多くの実験によって、私たちが何かひとつのことをするために意志の力を使うと、ほかのことをするための力がいくらか失われることがわかりました。筋肉と同じように、意志の力は使うたびに消耗しますが、訓練によって鍛えることもできます。この**「自我消耗」**と呼ばれる考え方は、ここ20年のあいだに発達した意志の力に関する研究のなかでもとくに重要な理論となり、その正しさを証明するために200を超える研究が行なわれてきました。

自我消耗に関して頻繁に引用される2010年の有名なメタ分析は、その結果を次のようにまとめています。**「努力、困難の自覚、否定的な感情、主観的な疲れ、血糖値レベルの5つが、**

**自我消耗に大きな影響を与えることがわかった」**。この5つの原因が、そのあとで何かの作業をしようとするときの意志の力を弱めます。そのため、意志の力を最優先にする方法では、これらが一貫した行動をとるための最大の障害になります。前書『小さな習慣』では、これらの5つの原因のそれぞれについて、どうしたら和らげられるか、あるいは取り除けるかを説明しました。

この「自我消耗」という考えや、意志の力には限りがあるという考えに疑いを投げかける研究者もいます。しかし、意志の力は永遠になくならないのか、あるいは「消耗するのか」どうかについての議論は重要ではありません。行動を変えるための優れたプランは、最悪の状況でも成功できなければならないのですから、意志の力がわずかしかなくても効果のあるプランを考えることが先決です。

## 小さな習慣が成功の可能性を最大にする

私たちにとってもっとも重要なふたつのシナリオは、意志の力が弱いときと、モチベーションが高いときです。意志の力が弱いときには、あなたはそれ以上意志の力を使うのを避けようとします。モチベーションが高まっているときには、それをフルに活用して勢いよく進もうと思います。小さな習慣は、このどちらの場合にもうまくいきます。

**小さな習慣とは「ばかばかしいほど小さな行動を自分に強いる」ものなので、意志の力を**

**消耗してしまった人でも目標を達成することができます。**「大きな行動」を前に自分を奮い立たせることが必要な、モチベーションに頼った方法とは違い、**小さな習慣なら人生最悪の日でも、目標を軽々とやっつけることができる**でしょう。ただ目標を達成するのではなく、圧勝できるのです。

「変化をもっと強く望む」ことが必要だと教える本は信じないでください。そもそも自分を変えたいと思ってその本を買った人に対して、変化を望む気持ちが十分ではないなどと決めつけるのは、少しばかり失礼ではないでしょうか？　私はそう思います。あなたは純粋にもっと健康になりたい、もっと見かけをよくしたいと思っているはずです。私はあなたのその気持ちを疑ったりしません。多くの人はなんとか体重を減らしたいと切実に思っています。彼らにブレーキをかけているのは、やせたいという気持ちの量ではありません。うまくいかない原因は、モチベーションに頼る方法を使っていること、そして、それを試して失敗した過去の経験です。その経験が、目標達成なんて本当は不可能なのだと思わせるのです。

でも、目標達成は可能です。**小さな習慣、賢いプラン、そして、ほんのわずかな意志の力。成功のためにあなたに必要なのはこの3つだけ**です。

第1部
減量に成功するために大切なこと

# 第3章

# 減量のスピードをどう考えればいいのか

「健康についての本を読むときには気をつけたほうがいい。ミスプリントのために命を落とすかもしれない」

――マーク・トウェイン

## 体重はなぜ増えるのか

この本を読んでいるのですから、あなたはきっと体重を減らしたいと思っているのでしょう。でも、ちょっと考えてみてほしいことがあります。なかなか興味深い話です。あなたのゴールが脂肪を増やすことだったとしたらどうでしょう？

私は行動の変化についての基本的な事実を語ろうとしています。なぜなら脂肪を増やすことは、脂肪を減らすこととまったく同じように体の変化だからです。つまり、このふたつのプロセスは、ゴールはまったく反対ではあるものの、それまでの状態から変化するという点では、基本的な部分は同じです。一般に人はどのように脂肪を増やし、太りすぎの体になっていくのでしょう？

彼らは1月1日の午前0時01分にこぶしを振り上げ、「よし、決めた。今年中に体重を15キロ増やすぞ！」と言うでしょうか？

フェイスブックに、「やあ、みんな。今回は本気だよ。目標は今週中にミルクシェイク・クレンズで4・5キロ増やすことだ」と投稿するでしょうか？

ある晩、ふとひらめいて、午前2時にチーズバーガーとフライドポテト、炭酸飲料の食事をとるでしょうか？

ソファから二度と離れないと誓うでしょうか？

要するに、彼らは山の頂上に立ち、これから起こる変化を宣言するでしょうか？

それとも、その体重変化のプロセスは……ただ起こるのでしょうか？　少しずつ。微妙な変化で。こっそりと。

人々の体重が増えていくプロセスは、うまく減量に成功するときと同じです。小さな、一見重要ではなさそうな生活のなかの選択が積み重なり、やがて大きな変化になります。「すばやく減量できる」と宣伝する本に何が書かれているにせよ、本当の変化は突然の大きな方向転換で起こるわけではありません。**小さな変化の積み重ねによって、時間をかけて起こるものです**（必ずしも望む変化とはかぎりませんが）。あなたが今持っている悪い習慣も、同じように身につきました。習慣はときには私たちにとって不利に働く力になりますが、この同じ力を自分の得になるように役立てることもできます。

## あなたの体は変わりたいと思っていない

２００６年のデューク大学の研究によれば、**脳の潜在意識をつかさどる部分は私たちの行動の約45パーセントを「習慣」という形で支配しています。**すでに述べたように、**潜在意識は決まったことを行なうのが得意な機械のようなものです。**変化を嫌い、それに抵抗しようとします。これは目標の達成を目指す人たちにとっては悪魔のような存在です。**目標の達成を目指すことは、つねに現在の状況からの変化**なのですから。

潜在意識の抵抗のほかに、もうひとつ克服しなければならない壁があります。それは体の生物学的な抵抗です。減量の専門家はこれを体の**「脂肪セットポイント」**と呼んでいます。要するに、**体が現在蓄えていて、維持しようとしている脂肪量のこと**です。

世の中で人気の減量法は、体重を減らそうとしている人たちにこの脂肪セットポイントと戦わせようとしますが、賢いやり方を使っていません。カロリー制限とヨーヨーダイエットについての前述した研究結果が示しているように、こうした方法は飢えの反応を引き起こすため、体は脂肪を失わないようにしようとします。脂肪セットポイントを変化させることはむずかしく、手術でさえ変えることはできません。

## 手術による脂肪除去は効果がない

脂肪吸引は体から脂肪を取り除く外科手術ですが、脂肪セットポイントのために効果はないそうです。コロラド大学が実施した研究では、**脂肪吸引をした患者の体脂肪は、1年後には手術を受けない人たちとの違いがなくなっていました。**肥満研究者はこの結果に驚きませんでした。私たちの体に蓄積される脂肪が中枢神経系によって制御されていることは、すでによく知られているからです。

何より驚かされるのは、脂肪吸引にまだ人気があるということでしょう。2014年の調査によると、アメリカでは豊胸手術と鼻の整形手術に次いで、脂肪吸引は第3位の人気整形手術でした。それだけではなく、脂肪吸引は上位5位までの整形手術のなかで前年より人気が上がった唯一のものでした。

**手術による除去のあとに、体がどのように脂肪を取り戻すのかについては、食べる量が増えるというような簡単な理由から**のようです。ラットを使った研究では、外科的に脂肪細胞を取り除いたラットは、ほかのラットよりもたくさん食べました。「体質に差があるさまざまな個体に共通して、脂肪組織量の人工的な変化と自発的に食べる食事量のあいだにははっきりした反比例の関係があることが明らかになった」と報告されています。これを読んで、カロリー計算をすればリバウンドを防げただろうと思う人もいるでしょうが、その人たちは重要な点を見逃しています。これはカロリー計算のような無理な減量法へのもうひとつの警告サインなのです。

肥満について研究しているマウントサイナイ医科大学のサランス博士は、こう言っています。

「体重を制御する体の働きはあまりに複雑なので、この部分に人工的に手を加えると、その介入を無効にするために何らかのほかの作用が生じる」

## 人間の体はバランスを必要とする

ここで、人間の体の働きをもっと大きな、バランスという面から考えてみましょう。まず、バランスを保とうとする体の働きと、そのいくつかの方法に目を向けます。次に述べる事実が何を意味するかをしっかり理解し、あなたがこれまで試してきた極端な減量法が、体にどんな作用を引き起こしたのかを考えてみてください。

・糖分や炭水化物が不足すると、体は脂肪をブドウ糖に変えることで適切なエネルギーと体の機能を維持しようとする。この状態はケトーシスと呼ばれます。

・糖分や炭水化物を摂取すると、体は適切な量のインスリンを分泌し、ブドウ糖のエネルギーを細胞内に吸収して血糖値レベルを正常に保とうとする。

・コレステロールの摂取量が多くなると、肝臓でつくられるコレステロール量が減る。摂取量が少なくなると、肝臓でつくられるコレステロール量が増える。卵など高コレステロールの食べ物がそれでも健康に非常によいのはそのためです（コレステロールの上昇を引き起こすこともありません）。

・血液量が減ると、体は赤血球と白血球と血小板を増やし、正常値に戻そうとする。

・運動量を増やすと（エネルギーを消費すると）、空腹感が増す（エネルギーを取り込むためです）。

・飢えた状態に近づいたときには、ホルモンの働きで、何か食べるまで空腹を感じ続けるため、その結果、食べすぎてしまう傾向が強くなる。

・飢えた状態に近づいて脂肪がすばやく失われていくときには、休息時のカロリーの燃焼が少なくなる（カロリーを蓄えておこうとするため）。
・食べ物を消化し、それが脂肪として蓄積されると、脂肪細胞は脳に満腹だという合図を送るレプチンというホルモンを分泌し、それが満腹感を与える。細胞内の脂肪量がレプチンの分泌量を決めます。したがって、脂肪を多く摂取するほどレプチンが多く分泌され、より満腹感が増すことになります。これが食欲を抑えるための鍵となります（その人がレプチンへの耐性を増したときは別で、その場合は「十分に食べた」という合図がブロックされてしまいます）。

私たちの体はバランスを保とうとする機械です。人体についてわかっていることすべてが、「ホメオスタシス」と呼ばれる、体が自ら恒常性を保とうとする生物学的な働きを示しています。このことが、減量の試みをむずかしくする要因になります。なぜなら**減量の目的は、劇的な変化を求めていないものを劇的に変えようとすること**だからです。

体に脂肪が蓄えられると、体はその状態を保とうとがんばります。だとすると、体に「ショック」を与えて新しい生活の仕方に適応させるのは賢い方法でしょうか？　体がそのメッセージを理解するまでのあいだ、食べることを完全にストップしなければならないのでしょうか？　もちろん、そんなことはありません。それでは獰猛な動物を追い詰めるようなものです。それを体に対して行なえば、あなたは自分の体に必死で反撃をするようにけしかけることになります。体はあなたを出発点の体重に戻すため、できることは何でもするでしょう。

その結果、前よりもっと体重が増える結果に終わるかもしれません。

## 体重を減らしたいなら、こっそりと行なう

これは置かれた環境によって幸運にも不運にもなることですが、あなたの体は生き残ることを目的にプログラムされた活動的な組織の集合体です。**あからさまなカロリー制限を行なうと、体は生存本能に従った反応をします。つまり、食べ物から得た脂肪を蓄えようとします。体重を減らすには、秘密工作がいちばん適しています。**あなたが達成したい変化は警備の厳重な建物の中心部にあるダイヤモンドのようなものです。つまり、あなたの体が重警備の建物で、脂肪が盗み取りたいダイヤモンドです。世間で人気の減量法は、無謀にも建物のなかに駆け込むようにあなたに教えます。その結果は？　ダイヤモンドをすばやく手に入れることができるでしょう。しかし、大成功というわけにはいきません。あなたは十数台の警報器を作動させました。建物の入り口は封鎖され、警察に通報され、ストレスのたまった警備員があなたに銃を突きつけます。過激な減量法への体の反応もこれと同じです。

あなたはいったんダイヤモンドを手にすることはできるでしょう（体重が減る）。しかし、建物を出る前に元の場所に戻すことになります（再び体重が増える）。

このたとえは、決して大げさなものではありません。人々が急に行動を変えようとするときには、まさにこれと同じことが起こっているのです。**体には変化を防ぐためのホメオスタ**

**システムという「警報器」が内蔵されています。**あなたの体はこう言うでしょう。「カロリーが不足している！　大変なカロリー不足だ！　ブラウニー支持派のロビイストを送り込み、次のランチの〝食べたい願望〟をレベル４に引き上げなければ！」

あなたの失敗は、ダイヤモンドを手にした（体重または脂肪を減らした）ことではなく、うまく逃げる方法（減量を長続きさせる方法）を準備していなかったことです。これがダイエット産業についても当てはまることがわかりますか？　彼らはできるかぎりすばやく結果を出すことにばかり集中し、そのあとで何が起こるかについてはほとんど考えていません。すばやく体重を減らしたら、あとは以前のライフスタイルに戻っても、再び体重が増えることはないと信じている人もいます。それが本当ならいいのですが、研究結果によれば、そううまくはいきません。また、早い段階で体重を減らすことに成功すると、もっとがんばってやせようという気持ちが高まると思っている人もいます。しかし、長距離レースと同じように、最初にスピードを出しすぎると、ゴール地点ではすっかり疲れきってしまいます。

ダイヤモンドを盗むためにやみくもに突っ込む代わりに、賢い泥棒なら建物に入る前に時間をかけて計画を練るでしょう。それがどんな計画になると思いますか？　盗みは真夜中に行なうことにします。ゆっくりと。注意深く。着実に。こっそりと。泥棒はセンサーを避けながら建物内を移動します。そして、獲物を手に入れ、逃亡します。誰も彼がそこにいたことに気づかないでしょう。

もしあなたが体の過剰な反応を引き起こすことなく体重を減らすことができれば、そのご褒美は体重計の数字が小さくなるだけではありません。**新たな体重と健康な体を維持するために、行動の変化を持続させることができます。**それはどんなダイヤモンドよりも価値ある宝です。

このアプローチを使えば、第1章で説明したような複利の効果も得られます。脂肪セットポイントを下げるための信頼できる方法がわかり、そこから大きく発展して、さらに前進するための、より大きな自信と幸せ、希望と勇気が得られます。**小さな習慣は最善の方法というだけでなく、減量のために選ぶべき唯一の方法**なのです。それでは、理論はこれくらいにして、具体的な小さな習慣計画へと話を進めましょう。

## 小さな習慣が大きすぎないかどうか、確かめるいちばんの方法

脳と体はゆっくりした自然なペースで変化させるのがいちばんうまくいくとわかったところで、小さな習慣計画の概略を述べておきたいと思います。

小さな習慣は、**あなたが毎日行なう「ばかばかしいほど小さな」行動**です。私が「ばかばかしいほど小さな」と言うのは、それが本当にばかげていると思えるほどのささいな行動で、実行するのに1分もかからないようなものがほとんどだからです。

**・1日に1回腕立て伏せをする**

・1日に2ページ本を読む
・1日に1分、部屋の掃除をする（あるいは部屋の特定の場所の掃除をする）
・（ピアノやギターの）キーをひとつたたく。あるいは1日に1曲演奏する
・1日に体の一部分のストレッチをする
・1日1サービングの生野菜を食べる（＊訳注……サービングは食事をバランスよくとるための、料理や食材の目安となる量の単位）
・1日に歯の1カ所だけフロスを使う

こうして文字だけ読むと、小さな習慣はあまり役に立つようには思えません。本能はこう言っています。「でも、私にはもっとできる！」。もちろん、誰でもたいていはこれよりもっと多くの量をこなせるでしょう。でも**重要なのは、必ずしなければならない目標を低くしておくことで、「たいてい」が「いつも」になることです。**何かを「いつも」できるとすれば、あなたはそれをずっと続けられます。何かを「たいてい」するときには、いつでもやめることができ、変化を長続きさせるためには十分ではありません。**小さな習慣が大きすぎないかどうか確かめるいちばんの方法は、最悪の日にもそれができるかどうか**です。人生最悪の日にでも成功できることなら、決して失敗することはないはずですから。

この小さな行動を毎日することに加えて、あなたは好きなだけ**「おまけ」**を加えることができます。これは腕立て伏せ1回の小さな習慣（私の最初の小さな習慣）から生まれまし

た。**「おまけ」というのは、小さな習慣を達成してから、さらに同じ行動を繰り返す**ことです。つまり、あなたの小さな習慣が毎日ダンスを1曲分踊ることであれば、調子のいい日には2曲か3曲分踊るでしょう。あるいは、曲が終わってから数秒長く踊り続けるかもしれません。あなたの小さな習慣がランチに生野菜を1サービング分食べることであれば、ランチで2サービング分がんばって食べることもあれば、夕食にもっと生野菜を食べることもあるでしょう。おまけは目標を上回って行動を続けることであって、小さすぎることも大きすぎることもありません。私の毎日50ワードの文章を書くという小さな習慣は、100ワードになる日もあれば、ときには5000ワードという爆発的な数字になることもあります。どちらも立派な「おまけ」で、どちらも同じようにすばらしいことです。

## 「おまけ」はいつもオプション。必ずやる必要はない

小さな習慣さえこなしてしまえば、そこでストップしてかまいません。小さな習慣は小さなままでなければならないからです。たとえ「おまけ」を57日続けてやったとしても、いつでも小さな習慣だけで終わらせていいのです。目標を低く、天井を高くしておくことが、継続のための完璧なレシピで、目標を上回る可能性が無限に大きくなります。

**小さな習慣は私たちの計画の基礎になります。**この基礎さえしっかりしていれば、あなたは必ず新しい習慣を身につけることができます（それがあなたにとって一生の宝物になるで

しょう）。そして、「おまけ」はモチベーションや気力がいつもより高まったときに、そのはけ口になります。小さな習慣の優れた点のひとつは、その日のあなたの調子に合わせていくらでも調整できるところです。

あなたが目にするほかの減量法は、ものすごく高い目標を設定させ、それをきっちり守らせようとします。たとえば、栄養素をベースにしたダイエットには、食べていいものと食べてはいけないもののリストが含まれます。運がよければ週に一度、自分をごまかして「ズル」をしていい日がもらえるでしょう。でも、もし「ズル」をする必要がないとしたら？　２日必要だとしたら？　あなたは自分の調子に計画を合わせるのではなく、計画に自分を合わせなければなりません。

**従来の減量プログラムは、毎日、あなたに大きな課題を押しつけます。それを達成できない日には敗北感に打ちひしがれ、自分を落ちこぼれと感じてしまいます。**おそらくダイエットは、ほかの目標よりも挫折率が高いのではないでしょうか。それが、ダイエットの誤りについて多くを物語っていますが、ダイエットを試す人については何も教えてくれません。

従来の減量法で目標を達成するには、スタート時点で非常に高いモチベーションを必要とします。時間がたつにつれてモチベーションはゆっくりと下がり、最初の失敗の時点でほとんど失われてしまいます。小さな習慣はこれとは反対です。**ポジティブな気持ちを保つことを重視し、ほとんど間違いなく毎日成功できるように考えられています。毎日成功できるのですから、自信も自己肯定感もモチベーションも、時間とともにしぼんでいくことはありま**

**せん。**逆にどんどん高まっていくはずです。

# 第4章

# 減量で重要なのは、炭水化物でも脂肪でもカロリーでもない

「食べるものでエネルギーの消費の仕方が変わる。同様に、エネルギーをどう消費するかで、何を（どう）食べるかが変わる。より具体的に言うなら、食べたものが、そのあとで何を食べるかに影響を与える。体が大きく（あるいは小さく）なれば、それもエネルギーの消費に影響を与える」

——ピーター・アッティア医学博士

## 食べ物を禁じることは最悪の方法

脳と体の変化についての説明が終わったので、今度は栄養について考えていきましょう。ここからは、体重がどのように減っていくかについての少々科学的な話になります。この章では、**「体重を減らすためのベストな方法は何か？」**という問いへの答えを探すことを目標にします。しかし、その前にはっきりさせておきたいことがあります。

これから減量のメカニズムについて説明していきますが、そのなかで頻繁に「加工食品は体重を増やす」とはっきり指摘したり、暗に示したりします。たいていの人（や著述家）は、「加工商品は体重が増える原因になる」という発言を聞くと、すぐに「加工食品は禁止」が答えなのだと思い込んでしまいます。これは賢い考え方ではありません。

**減量という目標を達成しようとするときに、食べ物を禁じることは最悪の方法**です。なぜなら、私たちに禁じられたものを意識させ、欠乏感を与えるからです（これについてはのちほど詳しく説明します）。

## 「超加工」食品とは何か

この章ではたびたび加工食品について話をします。正確に言えば、どんな食品もある程度は加工されています。果物や野菜は店頭に並べる前に洗うことが多いですが、それでさえ一種の加工とみなされます。動物の肉については加工レベルに大きな幅があります（ロティサリーチキンはホットドッグと比べると、かなり加工度が低い食品です）。**この本で私が「加工食品」と呼んでいるものは、実際には「超加工食品」のことを言っています。**カルロス・モンテイロ医学博士によれば、超加工食品は次のように定義されます。

**「超加工とは、自然食品から抽出した材料を組み合わせた製品をつくるための方法で、通常、自然食品はほとんど、あるいはまったく使われない。**材料をつくるためにも、製品をつくるためにも、一連の加工を行なうのが一般的で、見かけをよくするための添加物と保存料を多少あるいは大量に含む。口当たりと味をよくし、長期間の保存が可能になるように調合され、通常はすぐに食べられるように包装されている。利益性が非常に高く、積極的に宣伝される。超加工食品は一連の加工の最終製品である」

これ以降に登場する比較と例をシンプルにするために、食べ物の基本の分量を100グラムに設定しようと思います。食べ物の重量がカロリーとどう関係しているのかを考えると、とても興味深い発見があります。果物や野菜を食べるとなぜ摂取カロリーを大幅に減らせるのかについても解き明かしていきます。その数字を見るとびっくりするでしょう。

## できるだけシンプルに、ただしシンプルすぎないように

「ものごとはできるだけシンプルに。ただしシンプルすぎてはいけない」

――アルバート・アインシュタイン

**減量産業の大きな問題のひとつは、主張がシンプルすぎることです。**次のフレーズは特定の状況には当てはまるかもしれませんが、すべての状況に当てはまる宣言にはなりません。

・「炭水化物は太る」
・「カロリーイン・カロリーアウト」
・「脂肪は太る」

体重の増減についてよく耳にするこうした説明はとてもシンプルです。けれども残念ながら、アインシュタインのルールには反しています。必要以上に説明をシンプルにしすぎているからです。生物の体重のメカニズムはとても複雑で、減量に役立つ程度にまでシンプルにすることはできるものの、これらのフレーズはメカニズムを正確に伝えるには（あまりにも）シンプルにしすぎています。

## 「炭水化物は太る」は信用できるのか？

もし炭水化物で太るのなら、ハーバード大学のある教授が炭水化物の豊富な加工食品を2

カ月食べ続けて（「トゥインキー・ダイエット」と呼ばれています）、12キロの減量に成功したのはなぜでしょう？　炭水化物を中心にした食生活をしている国の人たちが、スリムな体型を保っているのはなぜでしょう？　この「炭水化物は太る」という考えが信用できないことを証明するのは、それほどむずかしくないと思います。なぜなら、**炭水化物は何千年も前から食べられてきたのに、これまで体重に関する問題を引き起こすことはなかった**からです。

それでも、低炭水化物ダイエットは（忠実に守れば）、短期的にはかなり成功率が高い減量法のように思えます。炭水化物の多い食べ物は私たちを太らせるのでしょうか？　そうではないのでしょうか？　これは問いかけ自体が間違っています。なぜなら、「炭水化物は太る」という考えは、問題を必要以上にシンプルにしてしまっているからです。

## 「カロリーイン・カロリーアウト」は信用できるのか？

もしカロリー計算が正しい答えなら、伝統的なカロリー計算に従うと、私たち全員の体重が、現在400キロを超えていなければならないことになります。おかしいですよね？　長期的に食べる量を減らすのに役立つホルモンの働きは科学的に証明されています。「脂肪セットポイント」は100キロカロリーのスナック菓子を何袋食べるかではなく、中枢神経系によって制御されています。単純なカロリー計算はこうした体のメカニズムを考慮に入れていません。

それに、もしカロリーだけが重要なのであれば、第1章で紹介したものを含め、これほど多くの研究が、カロリー制限によってあとからもっと体重が増えるという証拠を突きつけているのはなぜでしょう？　**カロリー制限は代謝を下げるため、体は脂肪を蓄えやすくなる傾向があります。**

**消費するカロリー量もある程度は重要で、体重管理に一定の役割を果たします。**でも、私たちはカロリーを余分にとると太り、カロリーが不足するとやせるのでしょうか？　これも問いかけ自体が間違っています。「カロリーイン・カロリーアウト」の考えもまた、問題を必要以上にシンプルにしてしまっているからです。

## 「脂肪は太る」は信用できるのか？

もし脂肪で太るのであれば、ココナッツオイル（ほとんど飽和状態に近いほど脂肪分が豊富です）がおなかの脂肪を減らし、減量効果があるように見えるのはなぜでしょう？　高脂肪の食事法の多くが減量につながるのはなぜでしょう？　もし脂肪こそが減量を妨げる理由になるのなら、高脂肪の食事で減量するのは不可能なはずですが、多くの場合に反対の結果が出ているようです。

それでも、脂肪は一般に満腹感が少なく、グラム当たりのカロリーは多く、炭水化物やたんぱく質よりもたくさんの量を食べられます。脂肪は私たちを太らせるのでしょうか、そうではないのでしょうか？　これも間違った問いかけです。なぜなら、**「脂肪は太る」という考えは、問題を必要以上にシンプルにしてしまっているから**です。

これらの説明は、全体像を描いていません。短期間に体重を減らす方法はたくさんあります。つまり、最悪のダイエット法（たとえばトゥインキー・ダイエット）でさえ、短期であればその効果を認めることができます。トゥインキー・ダイエットは、カロリーだけが重要であるという証明にはなりませんでした。この方法でわかったのは、2カ月のあいだ食べる量が十分でないと、おそらく体重を減らせるということだけです。そのことなら、すでにわかっていました。夏のあいだだけ体重を減らしたいという人でないかぎり、重要なのはどれだけ持続できるかです。

## ノンカロリー減量法の問題点

食事が体重の増減に影響を与えるときには、次の要素がからんでいます。食べ物の栄養分、カロリー密度、インスリン抵抗性、レプチン抵抗性、炎症、遺伝的な体重増加傾向、食品の与える満腹感（飽満感）、満足感（つまり快楽報酬系の活性化）です。むずかしい用語が並んでいますが、これは解決策が複雑という意味ではありません。この本のテーマが、簡単にこなせる小さな習慣であることを忘れないでください。ここで言いたいのは、**カロリー計算は「カロリーだけが重要」**と言っているという点で間違っているということです。

熱力学の第1の法則は、エネルギーは形を変えることができるが、生み出したり破壊したりはできないというものです。これを私たちの体に当てはめるなら、**消費する以上のエネルギーを取り込むと体重が増える**、ということです。これについては疑いの余地はないでしょう。

多くの人が当然の解決策として試そうとするのは、摂取するカロリーを減らし、カロリー収支が赤字になるようにせっせと燃焼するという方法です。これは短期的にはうまくいきますが、つねに空腹感を覚え、代謝のリズムを狂わせてしまうのであれば、長期的な解決策にはなりません。たとえあなたがやせようとして、いつも空腹状態でいようと決意したとしても、つねに食べたいという誘惑にかられ、イライラするでしょう。意志の力みなぎるスーパーヒーローでないかぎり、その戦いで勝利を収めることはできません。

それだけでなく、**カロリー制限は空腹状態よりもっと悪い結果につながります。**第1章のなかで紹介した研究では、長期的なカロリー制限がラットにも人間にも、警戒すべきレベルの体重増加を引き起こす傾向があるという結果が出ました（もしあなたにラットの知り合いがいるなら、彼らにこの研究について教えてあげてください）。**「ミネソタ飢餓実験」の観察結果でとくに注目されたのは、あまりに摂取カロリーが少ないために被験者の大部分が気分の落ち込みを経験し、感情的に不安定になったことでした。**体はこうした変化を想定しておらず、敏感に反応します。私たちの目標は食べすぎないようにカロリー計算することではありません。なぜ食べすぎてしまうのかを生物学的に、また感情レベルで解き明かし、その傾向を逆転させることが目標です。

## 超加工食品こそ体重が増える原因。減量に失敗する最大の理由

食べ物は3つのグループに分けることができます。自然食品、超加工食品、そのあいだにあるすべての食品です。減量についての可能なかぎりシンプルな（しかし必要以上にシンプルになりすぎない）真実とは、超加工食品こそ体重が増える原因になり、減量に失敗する最大の理由になるということです。

超加工食品はさらに炭水化物、脂肪、カロリーに分けることができますが、そこで問題に突き当たります。加工食品が体重増加の原因になるのは、そのどれかひとつのせいではなく、この3つの要素すべてと、栄養不足、食欲を誘う成分、満腹感の乏しさの結びつきのためです。したがって、「超加工食品を食べると体重が増える」、「未加工の自然食品は減量の助けになる」とまでは言えますが、それ以上にシンプルにすることはできません。加工食品に含まれるカロリーや主要栄養素だけを見て、重要な結論を引き出そうとすれば（多くの人がそうしてきたはずです）、脂肪、カロリー、あるいは炭水化物がたまたま豊富ではあるものの、健康的で減量の助けになる食品も避けるべき食品のリストに間違って含めてしまいます。

それでは、まず主要栄養素について、次にカロリーについて見ていくことにしましょう。

## 主要栄養素は問題でも解決策でもない

減量についての最近の議論の多くは、主要栄養素（炭水化物、脂肪、たんぱく質）を中心にまわっています。たとえば、アメリカ心臓協会は何年も前から低脂肪ダイエットをすすめてきました。これは、ひどい間違いです。どうしてこんなことになったのかを最初から説明しましょう。

20世紀の半ば、アメリカにおける肥満と心臓病の発症率の急激な増加の原因を探ろうと、科学者たちは必死になっていました。そして１９５５年、ドワイト・アイゼンハワー大統領が心筋梗塞（いわゆる心臓発作）を発症したことで、ますます研究が過熱しました。

そうしたなか、アンセル・キーズという栄養士がこれらの問題を引き起こしている犯人として、食物脂肪に目を向けました。７カ国の食習慣と心臓病の統計資料を調べてみたところ、データは食物脂肪と心臓病のあいだに相関関係があるという傾向を示していました。もっとも、キーズは自分の仮説の正しさを裏づけるような国だけを選び、ノルウェーやチリを含めなかったと指摘する人たちもいました。ノルウェーでは食物脂肪をよくとるものの心臓病は少なく、チリでは食物脂肪はあまりとらないのに、心臓病は多く発症します。

そうした指摘にもかかわらず、低脂肪革命とも呼べるものが生まれ、食品業界は喜んでその流行に飛びつきました。低脂肪食品が新しいマーケティングのキーワードとしてすばらしい効果を発揮したからです。ところが、ひとつ問題がありました。脂肪は食べ物をおいしくしてくれるということです。味が劣る低脂肪食品の短所を補うために、食品メーカーは砂糖を加えました。味の問題はそれで解決しましたが、そのために低脂肪食品を食べる人がみんな太ることになりました。近年では、脂肪はそれほど悪くはないという考えが受け入れられるようになっています。その代わりに、専門家も新しいダイエット法考案者も砂糖（と炭水化物全般）に目を光らせるようになりました。

多くの人が脂肪を悪者にしていたと思ったら、今度は炭水化物が悪者になりました。**一方では脂肪と炭水化物の戦いが始まり、もう一方では主要栄養素とカロリーの戦いが始まっています。どちらも間違った戦いです。**

脂肪と炭水化物のどちらが体重を増やし、減量を妨げている原因なのでしょう？　どちらでもない、が答えです。減量の助けになる脂肪もあれば、助けにならない脂肪もあります。同じように減量の味方になる炭水化物と敵になる炭水化物があります。

**主要栄養素は問題でも解決策でもありません。**主要栄養素だけに注目したダイエット法は、ゆでたジャガイモとフライドポテト、あるいは山盛りの砂糖と玄米を、同じものとみなしています。どちらも同じ「炭水化物」だからです。あるいは、ココナッツオイルとラード、トランス脂肪と飽和脂肪と不飽和脂肪、大豆油と魚油をすべて同じものと考えています。どれも同じ「脂肪」だからです。こんなばかげた話があるでしょうか。

## 私は陰謀論者ではない。しかし……

加工食品業界はずる賢い業界です。この主要栄養素への注目の背景に何らかの形で彼らの存在があるとしたら、彼らはずる賢いだけでなく（悪意に満ちた）天才です。やみつきになるような食感や風味を持つ食品を考え出し、綿密にテストする彼らのやり方は感動的なほどですが、売り上げを維持するために食品の原料への消費者の見方を操作しようとするのは、映画にして世の中に知らせたほうがいいと思えるレベルの卑劣なやり方です。

カロリー計算と同じように、**主要栄養素への注目は「加工食品」をただの食品に変えてしまいます**。食品を単純に炭水化物、脂肪、たんぱく質に分けていますが、どんな食品も――自然食品も加工食品も――これらの栄養素を含んでいます。基本的には、主要栄養素に注目するときには、加工食品と未加工食品を区別していません。

アボカドと無脂肪のカップケーキの唯一の違いが、含まれる栄養素が異なるということならば、自分の食習慣にうまくなじむほうをどちらでも食べることができるでしょう。あるいは、カップケーキはとてもおいしいので、「どのタイプのカップケーキ」でも、自分の好きなものを選ぶことができるでしょう。そのときによくないと思われている栄養素の影響を考える必要はありません。食品科学者なら低脂肪カップケーキ、無糖カップケーキ、減塩カップケーキ、グルテンフリーのカップケーキなど、いくらでも新しいものをつくることができるでしょう。そして、主要栄養素を中心に考える各種のダイエット法が考案され、さらなる製品、さらなる売り上げ、さらなる利益につながっていきます（そう、ここで挙げたカップケーキはどれも実際に存在します）。

人々を行動へと駆り立てる、欲望よりもっと強い唯一の動機は何だと思いますか？　それは恐怖です。人々は脂肪への恐怖のために無脂肪ヨーグルトを選びます（砂糖がたくさん含まれているにもかかわらず）。もし彼らの恐れているのが炭水化物であれば、天然の果糖を含んだ〝恐ろしい〟果物ではなく、人工甘味料を使ったデザートを買うでしょう。楽しみのために普通のカップケーキを食べる人たち以上に、食品業界が利益を見込める唯一の購買層は、恐怖心から特定の種類のカップケーキを食べる人たちです。

**含まれる主要栄養素を操作した加工食品は、恐怖心につけこむ最終兵器のようなもの**で、細かい需要に応えるさらに多くの製品を生み出して、売り上げを増やします。加工食品は実験室で生まれ、工場で製造されるので、科学者たちが望むとおりの栄養素を含むように操作することができます。脂肪を取り除く？　問題ありません。糖分を取り除く？　お安いご用です。塩分を取り除く？　はい、了解！　一方、自然食品はこのように変化させることはできません。世界中の食べ物のなかでもとくに減量効果が抜群のブルーベリーは、必ず糖分（果糖）を含みます。

流行のダイエット理論が、自然食品より加工食品を断然有利にしているのは、偶然なのでしょうか？　もしかしたら偶然かもしれませんが、肥満についてのデータを見てください。数多くの研究結果のなかで、肥満という犯罪現場の至るところに（無数の人の死と、いま現在、太りすぎで健康問題を抱えている人が数十億人いるという状況に）、加工食品の指紋が見つかるはずです。その事実は、どうして私たちはまだ栄養素に注目しているのだろう、とあなたに考えさせるはずです。**加工食品の人気の高まりと世界中の肥満の急増のデータはぴったり重なり合い、まるでアーティスティック・スイミングのペアのようです。**それなのに本当に大勢の人が、相変わらず「脂肪と炭水化物」に注目し続けています。

こう考えてみてください。脂肪と炭水化物は食べ物の歴史を通じて存在し、人々ははるか昔からずっと、このふたつの栄養素を含むものを食べ続けてきました。とんでもなく長い時間です。何が本当の肥満の原因かを考えるときには、一般常識を働かせるべきです。**炭水化物と脂肪が生まれたときに肥満が急増したのではありません。超加工食品に含まれる新しい種類の炭水化物と脂肪が生まれたときに急増したのです。**

**アジアの食文化は伝統的に炭水化物（大量の白米）が中心でしたが、それでも全体としてアジア人には肥満が少なく健康的な状態を保ってきました。**白米は玄米より栄養面では劣ります。それでもこれは単一原料の食品です。**北欧諸国の人々は死亡率が低く、肥満率も比較的低いのですが、高脂肪の食品を食べます。死亡率や肥満率が低いのは、脂肪や炭水化物を食べているからではありません。彼らが食べる脂肪や炭水化物は、肥満が多い国のものより質がいいからです。**

質の話が出たところで、話題をカロリーに変えましょう。カロリーはその量に注目するのが一般的ですが、それは間違っています。

## カロリーについての大きな勘違い

体内に取り込むすべてのカロリーが、ホルモンや代謝に影響を与えます。ふたつの食品のカロリーが同じであっても、満腹感や満足度、インスリン反応、栄養分（体の器官の健康と機能に影響を与えます）、エネルギーの供給は異なり、そのすべてがあなたの行動と体重に短期的、長期的な影響を与えます。「カロリーイン・カロリーアウト」という考え方をしていると、こうした要素は無視されてしまいますが、実際にはこれらすべてがあなたの食べ物に関する決断に影響します。食べ物からどれだけのカロリーをとりたいと感じるかも、そのひとつです。

ここではっきりさせておきましょう。**正しい食べ物でも食べすぎれば体重が増える可能性はあります。でも実際のところ、食べすぎるのはむずかしいと思います。なぜなら、正しい食べ物は一般にカロリー当たりの満腹感、栄養価、体の治癒効果が高いからです。**それに、極端な例ばかり見るのはやめましょう。私たちが目指すのは、正しい食べ物を食べているときに、それを胃のなかに詰め込むことではありません。空腹レベルは「飢え」の状態から「満足」の状態へ、さらに「満腹」から「ベルトをゆるめないと苦しい」状態へと変わっていきます。目標はつねにほどよい満足が得られる状態でいることであって、極端なカロリー制限から極端なカロリー摂取（ヨーヨーダイエット）へと行ったり来たりすることではありません。**優れた食べ物をほどよく食べれば、体重を減らし、満足感も得られ、食べ足りなさから**

**生じる問題に悩まされることはなくなります。**

ある夜、私はスライスした冷凍マンゴーが284グラム入った袋の中身を丸ごと食べてしまいました。果肉がたっぷりで、とてもおいしかったのです。「しまった、食べすぎた」と思ったのですが、それも袋に書いてあるカロリー数を見るまででした。たった200キロカロリー！　52・7グラムのスニッカーズ1本でさえ、250キロカロリーもあります。マンゴー1袋はスニッカーズ1本より5倍も重いのに、カロリーはスニッカーズのほうが25パーセントも多いということです！

このカロリーの違いは、スニッカーズに脂肪分が多いためだけではありません。たとえば、アボカドのカロリーの82パーセントは脂肪からくるものですが、それでもアボカド150グラムはたった240キロカロリーです。スニッカーズより3倍重くて、ほとんどが脂肪だというのに、それでもカロリーはスニッカーズより少ないのです。こうした違いは、**カロリー密度**（＊訳注……食品1グラム当たりのエネルギー）と**水分のため**です。心理学的には、スニッカーズを1本だけ食べるより、マンゴーを1袋食べたほうが贅沢な気分になれます。それでいて、カロリーは少なく、栄養価は高いのです。

空腹レベルを一定に保つためにカロリー計算をするのは、わずらわしいだけでなく、不必要です。自然食品ならつねにカロリー当たりの満腹感が最大に保たれています。つまり、正しい食品さえ食べていれば、カロリー計算など必要ないということです。もし0カロリーの「ダイエット食品」に最大の満足効果があると思っているのなら、あなたはそうした食品の中・長期的な食欲への影響を考えていません。

**カロリー計算は不健康な食事法を減量への信頼できる道であるかのように装う、もっとも一般的な方法になってきました。こうしたダイエット法は、カロリー制限の範囲内であればジャンクフードを食べてもいいと教えます。**加工食品は高カロリーにもかかわらず満腹感を得られないのが普通です。そのため、カロリー計算を貧しい食生活の言い訳にしている人は、結果的にはいつも空腹状態で、最終的に体重が増えて終わりということになりかねません。

どれだけの量を食べるかを意識し、控えめに食べることは、カロリー計算の長所ではありますが、それにともなう**「すべてのカロリーは平等」という考え方は大きな間違いで、そのまま続ければ悲惨な結果を引き起こします。**この考え方はきれいさっぱり捨ててしまってください。食べる量を控えるためにカロリー計算は必要ありません。**満腹感こそ、あなたにとっての自然のカロリー計算法です。**

## 減量するには満腹感を得られることがとくに重要

**満腹感（飽満感）とは、十分に満たされたと感じることです。**もっと簡単に言えば、もうおなかがすいていなくて、何か食べたいという欲求をほとんど（まったく）感じない状態です。

満腹感はカロリー計算の議論そのものの意味をなくします。というのも、もしカロリー計算が答えなら、私たちが食べたもののカロリー数がそのまま、得られる満腹感につながるはずだからです。ところが、実際にはそうではありません。空腹感を刺激する食べ物もあれば、満腹感を与える食べ物もあります。**カロリー計算が失敗するのは、満腹感というものを考えに入れていないからです。**もしあなたがいつも満腹感を得られない状態で、食べ物がそばにあれば、やがてはそれに手を伸ばしてカロリー不足を埋め合わせようとするでしょう（あなたがそうすることにお金を賭けてもいいくらいです）。

**減量するには満腹感を得られることがとくに重要だといえます。**減量につながる食べ物を選べば、体はすっかり満足し、減量という長期的な戦いで勝利をつかむ可能性が高まります。私たちの食べ物の消費に影響を与えるほかの要因もありますが、まず、正しく理解しておきたいもっとも基本的な目標は、満腹感です。どうしたら食べたもので満足し、減量に成功できるのでしょうか？　そもそも、そんなことが可能なのでしょうか？　もちろん可能です！　その理由をいくつかの例を通して考えていきましょう。

**満腹感を直接、正確に測るのはむずかしいので、食べたものの総量を出発点として使うことにします。**満腹感の一部は食べたものがあなたの胃のなかでどれくらいのスペースを満たすかで決まるからです。肥満治療手術もこの考え方に基づいたもので、胃を小さくすることで早めに満腹感を感じさせ、たくさん食べすぎないようにします。胃を小さくするために手術より安全な方法は？　それは、**少ないカロリーで満腹感を得られる食品を食べることです。**ちょっとしたお遊びとして、いくつかの食品のカロリーと体積を比べてみましょう。これで、自然食品の満腹効果がどれほど高いかがわかると思います。

## 食品は加工すればするほど、血糖反応が高くなり、満腹感が低くなる

普通サイズのポテトチップスの袋は半分で重さが約100グラム、カロリーは536キロカロリーです。かなりの量に見えますが、一度に全部食べてしまうのはむずかしくありません。チップスは高カロリーなのに、なかなか満腹感が得られず、調査結果によれば、このような高脂肪、高炭水化物、高エネルギーの加工食品は、食べれば食べるほど、さらに食欲を刺激しがちなのだそうです。

その半袋分の100グラムの代わりに、鶏肉を224グラム食べると同じカロリーになります。こちらは満腹感が得られる食べ物で、チップスの2倍の量を食べることができます。玄米なら、同じカロリーで483グラム食べられます。あるいはブロッコリーはどうでしょう？　ブロッコリーと聞いても食欲がわかないかもしれませんね。もしチップスと鶏肉や玄米を比べるのは極端すぎると思うのなら、次の話を読んでください。きっと驚くと思います。

チップス半袋と同じカロリーで、あなたは1000グラムのブロッコリーを食べることができます。いえ、これは間違い。ブロッコリー1000グラムではありません。数字が高すぎるのではありません。低すぎるのです！　これだけ大量のブロッコリー（チップスの10倍以上の量）でも、チップスのカロリーにはまったくおよびません。ブロッコリー1000グラムを食べても340キロカロリーにしかならないのですから。**チップス半袋分と同じだけのカロリーを得るには、1576グラムも必要です。**そう、チップス100グラムに対して

1576グラムです！　これだけのブロッコリーを食べるのは、一度ではもちろんのこと、5日かけても無理かもしれません。

イチゴはどうでしょう？　**チップス100グラム分と同じだけのカロリーを得るには、1624グラムのイチゴが必要です。**チップス1袋分、あるいは一般的なファストフードの食事と同じだけのカロリーを得るには、3248グラムのイチゴということになります。これは私の作り話ではありません。このデータはアメリカ農務省のウェブサイトで誰でも見ることができます。

あなたは、イチゴに含まれる糖分が問題になるのでは、と思っていますよね？　でも、心配するほどのことはありません。イチゴ1624グラムに含まれる糖分はわずか79・6グラム。900グラムの炭酸飲料1本に含まれる糖分よりもずっと少ないのですから。つまり、**炭酸飲料と同じだけの糖分を摂取するには1624グラム以上のイチゴを食べなければならない**ということです。

「カロリーイン・カロリーアウト」ダイエットは、こう考えるように教えます。「この小さなチップスの袋はほんの160キロカロリーしかない」。これは間違った見方です。なぜなら、減量のための食べ物の選択肢として加工食品を含めているからです。本当は、加工食品こそが世界的な肥満傾向のいちばんの原因だというのに。カロリーに見合う価値ということになると、自然食品にかなうものはありません（低カロリーの加工食品についてはのちほど考察します）。

**ダイエット法とカロリー計算の最悪なところは、つねにおなかをすかせた状態に置かれることです。**これについては大勢の人が同意するでしょう。しかし、正しい食品を食べていれば、空腹を感じることなく簡単にカロリーを減らせます。2016年の調査で、**「食品は加工すればするほど、血糖反応が高くなり、満腹感が低くなる」**ことがわかりました。

私は時々、朝食に固ゆで卵を3個（150グラム）食べることがあります。飲み物は水です。私のように朝食を軽くすませる者にとっては、これで十分に満腹になります。卵は1個当たり78キロカロリーで、私の朝食での摂取カロリーは250キロカロリーを超えることはありません。2008年の調査では、卵1個の朝食は減量に効果があり、ベーグルを食べる人たちよりBMI（体格指数）の数値が61パーセントも多く減少しました。

卵のカロリー当たりの満腹感が大きいということは、調査結果を待つまでもありません。卵が単一原料の、最低限しか加工されていない食品だということからもその結果が導き出されます。

加工食品と自然食品の量だけを比べ、そこから「自然食品では満腹感が得られない」という結論を引き出すとき、私たちは自分をだましています。真実はまったくの反対です。**自然食品は加工食品よりカロリー当たりの満腹効果が何倍も大きいのです。**

誰かが「私はよくサラダを食べるけれど、食べたあともおなかがすいている」と言うのを、あなたもきっと聞いたことがあると思います。あなた自身がそう言ったかもしれません。問題は、あなたがいま食べたサラダは、通常の食事で摂取するカロリーのおそらく20パーセントほどしかない、ということです。つまりこれは、「タコス3個の代わりにタコス1個だけにしたので、満腹感が得られない」と言うのと同じようなものです。もし空腹感があるのなら、十分に食べなかったということです。まだおなかがすいているのなら、サラダでもほかの食べ物でも、もっと食べてください。

**健康的な食品で「おなかを満たす」ことは、それでも低カロリーの食事になります。**ある研究で、レストランでの平均的な食事で摂取するカロリーは1327キロカロリーという結果が出ました。健康的な食事をしてそれだけのカロリーを摂取するとしたら、どんな内容になるかを考えてみましょう。

鶏肉半ポンド（227グラム）――542キロカロリー
ゆでたジャガイモ1ポンド（454グラム）――395キロカロリー
ホウレンソウ2ポンド（907グラム）――209キロカロリー
グリーンリーフレタス3ポンド（1360グラム）――204キロカロリー
合計で6・5ポンド（2948グラム）の食品――1350キロカロリー

レストランの食事の平均よりは少しカロリーが多くなってしまいました。でも、これだけで3000グラム近くあります。**本当に健康的な食べ物を食べていれば、食べすぎの心配も**

**空腹の心配もありません。鶏肉やジャガイモのような（比較的）高カロリーの食品も含めましたが、これらの食品は満腹効果が大きいので、十分にカロリーの高さを埋め合わせてくれます。**「満腹指数」を見ると、ジャガイモがもっとも満腹度の高い食品であることがわかります。

このデータを誤解しないでください。ほとんどの自然食品は加工食品と比べ、カロリー当たりの満腹効果がずっと高いのです。その結果、摂取カロリーが少なくてすみますが、すでに述べたようにカロリーがすべてではありません。私たちは「重要なのはカロリーだけ」から「重要なのはカロリー当たりの満腹感だけ」に、問題をすり替えようとしているわけではありません。カロリー当たりの満腹感に目を向けるのは、カロリーだけに注目するよりはずっといいのですが、高脂肪、高カロリーの自然食品でもほかの理由のために減量効果の大きいすばらしい食べ物になりえます。

**オリーブオイルは大さじ２杯（27グラム）だけで、なんと２３８キロカロリーもあります。カロリー計算だけに注目するなら、まさに悪夢でしょう。しかし、28人の女性を対象にした調査では、オリーブオイルをふんだんに取り入れた食事で、80パーセントの参加者が２・２キロ以上の減量に成功しました。**低脂肪ダイエットをしている女性ではわずか31パーセントでした。どうしてなのでしょう？　ここで、未加工食品の減量効果が大きいほかの理由について考えてみましょう。

## 減量のための未加工食品の重要性

減量のためには未加工の自然食品、そう、「本物の食べ物」が欠かせません。その理由のいくつかは私たちの体のメカニズムから説明できます。これからお話しするすべての要素が体重管理に影響しますが、カロリー計算とはまったく別の話です。

私たちの体に起こる炎症という反応は、悪いことではありません。これはすでに体に悪影響をおよぼしている状況、たとえば感染ややけがへの体の反応です。**炎症は、体が侵入した異物と戦ったり、傷ついた細胞をいやしたりする方法**なのです。たとえば、足首をねんざしたときには（私もバスケットボールをしていて何度か足首をねんざしたことがあります）、足首への血流が増し、白血球と免疫細胞がそのダメージを修復するために急いで駆けつけてくるため、その部分がはれ上がります。アレルギーなど自己免疫に関係したトラブルがはれを引き起こすのは、攻撃する必要のない何かに対して、攻撃する必要があると体が間違って考えてしまうからです。まるで自分の顔面をパンチするようなものですが、それが自分の体内で起こっているわけです。

**肥満は炎症性の病気**です。これは基本的な科学的観察から得られる知識です。**太りすぎの人たちは全身につねに高レベルの炎症が起こっている**と考えられ、「このことが肥満の人たちに糖尿病や心臓病をはじめとする多くの慢性疾患のリスクを高める理由になりうる」とされています。

炎症が肥満を引き起こすのでしょうか、それとも反対に肥満が炎症を引き起こすのでしょうか？　炎症と肥満はお互いに作用し合うものなので、どちらが先かは問題ではありません。このサイクルをどう断ち切るかが問題なのです。

**炎症は肥満につながるサイクルを持続させます。**レプチン（満腹ホルモン）の合図を妨げるため、食べることによる満腹感の反応が弱まります。**太りすぎや肥満の人たちの大部分は、血中のレプチン濃度が高いのに、「満腹だ」というメッセージが脳に伝わっていません。**これは**「レプチン抵抗性」**と呼ばれ、この10年から20年の肥満研究で注目されてきたテーマです。研究者は「レプチンの血漿中濃度と炎症マーカーのあいだには相関関係がある」ことや「感染や炎症が起こるとレプチンの分泌が確実に増す」ことを突き止めました。

もし炎症が直接・間接にレプチンの反応を妨げるのであれば（実際に妨げているように思われます）、それが肥満の大きな原因になると考えられます。いつ食べるのをストップしていいのかわからなければ、それが問題となるのは明らかです。

**この状況は加工食品にとっては大きな打撃です。加工食品は添加物、着色料、脂肪、乳化剤、甘味料、保存料などの形で炎症性の成分をたっぷり含んでいる**からです。

２０１５年のマウスを使った研究では、乳化剤が腸内細菌を変化させ、マウスに炎症を引き起こしたことから、肥満と内臓の病気が関係しているとわかりました。トランス脂肪は女性の全身性炎症と結びつけられてきました。食品の着色料が、動物には有害であることもわかりました。10を超える着色用の化合物に有毒性が確認され、すでに食品医薬品局（FDA）によって使用を禁止されています（現在まだ使われているものは本当に大丈夫なのか、と不安になるはずです）。オメガ6脂肪酸は加工食品によく使われる植物性油（大豆油など）にもっとも一般的に含まれています。オメガ3に対してオメガ6脂肪酸のとりすぎは、炎症（と多くの病気）との関係が指摘されています。

**ポテトチップスやクラッカー、レストランの料理に使われる調味料として一般的なグルタミン酸ナトリウム（MSG）は、ラットに重度の炎症を引き起こしました。加工食品に含まれる過度な糖分も炎症の原因**になります。栄養士のジュリー・ダニルクはCNNの番組でこう説明しました。「食事で大量の糖分を摂取すると、終末糖化産物（AGE）と呼ばれる、ブドウ糖分子とたんぱく質が結びついた化合物が増え、毒性の強い結合たんぱく質ができる。体はこのAGEを分解しようとするため、免疫細胞がサイトカインと呼ばれる炎症のメッセンジャーを分泌する」

同じことが**精白パン、ピザ、バーガー用のバンズ、大部分のシリアルのような精製炭水化物にも当てはまり、これらが急速にブドウ糖に変わり、血液中に送られます。**精製穀物の問題は、これもやはり加工されていることで、**精製というのは、基本的には食べ物から「命を奪う」ことを意味します。**栄養分を奪い、食べ物を分解し、消化の必要がある何かを単なるブドウ糖に変えてしまいます。

ひとつの加工食品のなかに、炎症を引き起こす成分が複数含まれています。MSG（グルタミン酸ナトリウム）やトランス脂肪のような流行の言葉を、ただ「健康の専門家」が話しているからという理由で受け入れないでください。これらの物質が実は有害であるという証拠はたくさん見つかっています。**加工食品が引き起こす慢性的な炎症は、すぐに私たちをばったり倒れさせたりはしないでしょうが、気づかないうちに私たちを太らせ、病気にし、不健康にしていきます。**これは私たちにとってダブルパンチといってもいいでしょう。**加工食品の代わりに食べることもできたはずの未加工の果物や野菜には、炎症を抑える成分がふんだんに含まれているの**ですから。

おいしいマンゴーではなく、人工調味料、着色料、乳化剤を含んだチョコバーを選ぶと、いくつかの炎症の原因となる成分を摂取するだけでなく、炎症予防効果の大きい成分をとりそこなってしまいます。

## ビタミン、ミネラル、フラボノイドと水分量

**自然食品には全身の働きをよくする微量栄養素が豊富に含まれています。**食べ物を加工すればするほど、微量栄養素は破壊されます。

それならマルチビタミンで補えばいいのでは？　あなたはそう考えるでしょうか。確かにマルチビタミンは果物や野菜を中心にした食事に欠けている、いくつかの栄養素を補えるかもしれません。しかし、マルチビタミンに含まれる栄養素は生体利用性（体がその物質をど

れだけ吸収し利用できるか）がさまざまです。

市販されているビタミンの多くは、食物由来のものではなく、化学的に合成されたものです。それが悪いというわけではありませんが、質と体への作用については疑問が生まれます。人工的にビタミンCを強化した「オレンジ飲料」と、ビタミンCの錠剤、そして本物のオレンジを食べることを比べてみてください。たとえその飲料や錠剤からビタミンCを吸収できたとしても、本物のオレンジから得られるフラボノイド、酵素、ミネラルをとりそこなっています。

公認栄養士のジャッキー・エルナハルはこう言っています。「自然食品からビタミンを取り除くと、食品の成分がばらばらになり、さまざまな影響を引き起こす。自然の食べ物は人間がそれを完全な形で食べるように意図されている。ビタミン、ミネラル、抗酸化物質、酵素のすべてが作用し合って相乗効果を増し、体が最大限の健康を得るために必要な栄養を与えている。**ビタミンやミネラルをばらばらにとると、ほんの少ししか吸収されず、体内で利用される栄養分はそれよりさらに少なくなり、したがって生体利用性は大きく損なわれる。**完全な形の自然食品からこそ、最高の生体利益性が得られる」

**果物や野菜の大部分はその80パーセント以上が水分で、90パーセント以上が水分というものも多くあります**（キュウリ、トマト、スイカ、イチゴ、ブロッコリー、レタスなど）。**水分量が多いために、果物や野菜はボリューム感と満腹感があり、カロリーは少ないのです。**

対照的に、加工食品の多くは水分量が少なく、10パーセント未満というものもあります。

水分量が少ないということは、満腹感が得られず、体に与える潤いも少ないということです。あなたの目標が摂取カロリーを今より多くして体重を増やすことなら、加工食品こそ答えです。そうでなければ、自然食品を食べることが減量への道です。

## 加工食品を食べるようになったスウェーデン人に何が起こったか

1960年から2010年の50年間にわたって実施されたスウェーデンの全国調査を分析したところ、スウェーデン人の未加工食品（果物や野菜など）の摂取量は2パーセント減り、「超加工」食品の摂取が142パーセントも増えたことがわかりました。142パーセントです！　とくに、炭酸飲料（315パーセントの増加）とポテトチップスやキャンディ（367パーセントの増加）が目立ちました。スウェーデンの肥満率は1980年から2010年のあいだに、5パーセントから11パーセントへと倍以上になりました。驚きましたか？　私は脂肪、炭水化物、カロリーの話をしているのではありません。加工食品の消費量が増えたと言っただけです。

**スウェーデンで加工食品の消費が増えたことは、実際に、この国の肥満率が上昇した大きな原因です。**あなたはこれらの食べ物のカロリーが原因だと言うかもしれません。加工食品はカロリー密度が高いからです。あるいはこうした食べ物は高炭水化物か高脂肪であることが多いからと考えるでしょうか。どちらも食べすぎに結びつけられてきました。でも、待ってください。これほど明らかで単純な事実をなぜあえて複雑に考えるのでしょう？　問題は加工食品なのです。

**カロリーが原因だと言えば、ずる賢い企業が低カロリーの超加工食品をつくることを許してしまいます**。ホルモンの働きを妨げ、食欲を刺激するような加工食品です。脂肪が原因だと言えば、どうなるでしょう？　こちらはすでに私たちが経験してきたことですが、**低脂肪の加工食品が開発され、それを試した人たちすべてをさらに太らせました**。炭水化物が原因だと言えば、問題のある加工食品の大部分を抹殺できますが、すばらしい自然食品の多くまで否定してしまいます。そして、体重を増やす人工甘味料を使った食品をのさばらせてしまいます。しかし、超加工食品が原因だと言えば、この100年に肥満の原因になってきたすべての食べ物を標的にできるとともに、健康によい食べ物、つまり肥満率が極端に上がる前に私たちが食べていた本物の食べ物を救うことができます。

**加工食品をたくさん食べているのに太らない人がいますが、それは遺伝によるもの**です。健康的な食事をしているのにずっと太りすぎのまま変わらない人たちがいるのも同じです。全人口のうちわずかな割合ではありますが、こうした人たちがいます。

アメリカ人の70パーセントが太りすぎに分類されますが、アメリカ人の食生活を考えると、遺伝子は小さな役割しか果たしていないことがわかります。2016年3月に発表されたアメリカ全域にまたがる調査結果は、**「アメリカ人のエネルギー総摂取量の57・9パーセント**

**を超加工食品が占める」**としています。このデータによれば、アメリカ人の20パーセントは確かに遺伝的に太らない体質の人だと推測されます。そして、体重を増やす食品を食べているほかの人たちは、予想どおり体重が増えています。

**食品の質を評価する最大の決め手は、どのくらい加工されているか**です。アボカドは82パーセントが脂肪ですが、食べても太りません。果物は糖分が豊富ですが、食べても太りません。アボカドに塩や砂糖を加えてグアカモレディップにすると、そのままの状態よりは太りやすい食べ物になりますが、アボカドを責めるのはやめましょう。レストランチェーンでは砂糖やシロップを加えたベリーのスムージーを注文することもできますが、ベリーを責めてはいけません。健康的なサラダに糖分の多い大豆油ドレッシングをたっぷりかけることはできますが、レタスを責めるのは間違っています。

## 大豆油が幅をきかせていることを知っていましたか？

1940年代には、**大豆油は「優れた工業用塗料油とも、優れた食用油ともみなされない」ものでしたが、今では至るところで売っています。**アメリカで消費されるすべての油類のうち、80パーセントが大豆油です。いいですか？　80パーセントですよ！

あなたは大豆油を使って料理をしている人を誰か知っていますか？　私は誰も知りません。でも、加工食品どれでもその成分表を見てみると、間違いなく大豆油という文字が目に入るはずです。私があるオーガニック食料品店に行ったときにも、大豆油を使っていないドレッシングを見つけることができませんでした。そのためオリーブオイルと酢を別々に買って、ドレッシングとして使いました。

ほかの植物性油も1900年代に入って市場に出始めましたが、大豆は補助金対象の穀物なので、大豆油が加工食品に使われる油として選ばれてきました。

## 添加される砂糖は肥満のベストフレンド

**アメリカで補助金が支給される重要な穀物にはもうひとつ、サトウキビ**があります。

栄養学が専門のバリー・ポプキン教授は、現在食料品店で売っている食品や飲料の75パーセントに砂糖が加えられていると言っています。私がよく買い物をする巨大なオーガニック食料品店は、本当なら自然食品でいっぱいのはずなのですが、甘味料が含まれる製品を避けようと思うと、選択肢が極端に限られてしまいます。サラダドレッシングにも、パンにも、ケチャップにも、冷凍食品にも、グラノーラやシリアルにも、砂糖かそれに代わる甘味料が含まれています。挑戦する気があったら、甘味料が加えられていないシリアルやグラノーラを探してみてください。簡単ではないはずです。それで物足りなければ、甘味料なしのパンを探してみてください。びっくりするほどむずかしいはずですから。

店内の75パーセントの食品がすでに加糖されているとしたら、**その大部分はトウモロコシ**

**由来の高フルクトース・コーンシロップ**（＊訳注……日本の成分表では「果糖ブドウ糖液糖」と書いてあることが多い）と呼ばれる糖分です。つまり、これには巨額の資金がからみ、大手企業が糖分をたっぷり加えた製品を守ろうとしています。たとえそれが現代人の健康を損なうことにつながるとしても。人類のために犠牲になろうとする企業などありません。それでは利益を求める企業の目的に反することになります。

**世界中の多くの国の人々が、今では糖分の多い超加工食品を好むように教え込まれてしまいました。**そのため、そうした食べ物が体にどんな影響を与えるかよりも、ほかの人たちが何を食べているかに注意を向けています。また、私たちは「ほかのみんな」が食べているのなら、きっと体によい食べ物なのだろうと考えてしまいがちです。残念ながら、「ほかのみんな」は太りすぎになり、病気にかかりやすくなっています。正確に言えば、２０１４年には世界人口のほぼ3分の1に当たる19億の成人が太りすぎでした。アメリカでは70パーセントの人が太りすぎか肥満です。これは社会が人々の生活に与える影響が間違った方向に傾いている証拠です。なぜなら、太りすぎの人が多い社会は一般に、彼らをますます太らせるような方向に進みがちだからです。

お金の動きを追ってみれば、加工食品がこれほど熱心に宣伝されていることも納得できます。お金の動きを追ってみれば、大豆、トウモロコシ、小麦がこれほど多くの食品に含まれていることも納得できます。お金の動きを追ってみれば、食料品店にある全食品の75パーセントに糖分が加えられていることも納得できます。

ビジネス上の決定は利益を第一に考えてなされるものです。食品がどんどん体に悪くなる一方で、利益が出る商品になったのはそのためです。栽培される作物が特定の穀物にかたよっているのもそのためです。企業が現代人の健康よりも、株主を喜ばせることを重視するのは当然です。そして、人類が好んで自分たちの健康を損なう食べ物を食べていることも忘れてはなりません。

それでも、**私たちには変化を起こす力があります。今からでも自分が食べる食べ物を選びなおせるのです。**その選択が将来の食べ物を形づくっていくはずです。食べるものに関して、**あなたのこれからの選択でもっとも大事なのは、甘味料を避けることでしょう。**甘味料は体重にとっても健康にとっても悪者でしかないのに、ほとんどの食品に含まれています。

## 甘味料——毒の種類を選ぶか、何も選ばないか

精糖の摂取量と、肥満、痛風、糖尿病、心臓病をはじめとする多くの病気のリスク上昇との関係が指摘されています。脳へのダメージにまで結びつけられてきました。**砂糖を減らすと、はっきりと代謝の改善が見られます。肥満はおもに代謝の問題なので、このことは重要です。**だからこそ、糖分を減らすことが、減量の最大の目標となるのです。低炭水化物ダイエットが短期的には非常に効果的なのも、この理由からです。

**アメリカ人の半分は糖分の多い飲料を毎日飲んでいます。これらの飲料がアメリカ人の総**

**摂取カロリーの約10パーセントを占め、肥満の大きな原因になっています。**あなたは炭酸飲料のボトルサイズが1950年代から3倍以上になっていることを知っていましたか？

炭酸飲料ボトルのサイズの変化（ハーバード大学調べ）
1950年代以前　6・5オンス（約184グラム）
1960年　12オンス（約340グラム）
1990年代　20オンス（約567グラム）

これはあくまで標準サイズのもので、映画館やファストフード店のカップには容量64オンス（約1814グラム）という特大サイズのものさえあります（炭酸飲料であれば192グラムの砂糖を含みます）。**1980年代はじめに、ほとんどのソフトドリンクにもうひとつの残念な変化が起こりました。砂糖ではなく高フルクトース・コーンシロップが甘味料として使われるようになったこと**です。砂糖を加えるだけでも体重と減量には悪影響なのに、この実験室で生まれた甘味料は、こと体重に関してはもっと問題が大きいように思えます。

## 高フルクトース・コーンシロップ（HFCS）

プリンストン大学の研究チームが、高フルクトース・コーンシロップとスクロース（ショ糖）について、ラットを使ったいくつかの実験を行ないました。その結果、次のことがわかりました。

・「ラットに高フルクトース・コーンシロップを与えると、炭酸飲料に通常含まれるよりかなり少ない量でも肥満になった。すべての個体に同じ結果が確認された。高脂肪のえさを与えたときでさえ、こうした結果は見られず、すべての個体の体重が増えることはなかった」

・「プリンストン大学の実験では、ラットは高フルクトース・コーンシロップを与えたときには肥満になったが、スクロースを与えたときには肥満にならなかった」

・「疾病予防管理センターによれば、高フルクトース・コーンシロップが費用対効果の高い甘味料としてアメリカ人の食生活に取り入れられてから40年間に、アメリカの肥満率は急増した。……高フルクトース・コーンシロップは広範囲の食品や飲料に使用され、果物のジュース、炭酸飲料、シリアル、パン、ヨーグルト、ケチャップ、マヨネーズなどにも含まれる。アメリカ人は平均して1人当たり1年に約27キログラムの甘味料を摂取している」

・「高フルクトース・コーンシロップとは対照的に、サトウキビまたはテンサイ糖由来のスクロースに含まれるフルクトース分子は、ブドウ糖分子と結合しており、体内で利用される前にもう一段階の代謝作用が必要になる」

**自然食品を消化するときには、私たちの体はそれを分解するためにがんばって働きます。**

**体の内部で運動しているようなもの**、と考えてください。より多くのカロリーを燃焼する一方で、栄養を十分に吸収する時間を体に与えます。砂糖はほとんどの食べ物よりすばやく吸収されますが、高フルクトース・コーンシロップに比べると、何倍も時間がかかります。

## 人工甘味料は体内の報酬系を混乱させてしまう

人工甘味料も、減量のための答えではありません。人工甘味料の健康への影響はまだ完全には解明されていません。悪い影響はまったくないと考える研究者もいれば、がんのような深刻な病気と結びつける研究者もいます。もしあなたが人工甘味料は安全だという意見だけを信じたいのであれば、それもあなたの選択です。でも、**人工甘味料は一般に考えられているよりも、代謝を乱す傾向が強いということを覚えておくべき**です。

ある研究で、人工甘味料を使った飲料を飲むと、2型糖尿病のリスクが大幅に増すことがわかりました。砂糖を使った飲料よりも大幅な増加でした。果汁100パーセントのジュースにはこうした影響は見られませんでした（念のために言っておきますが、果物のジュースはそれでも体重を増やす飲み物です）。別の研究では、**人工甘味料がメタボリック症候群のリスクを増す**ことがわかりました。そして、何より不安にさせるのは、**人工甘味料が腸内細菌を変化させるため、ブドウ糖がうまく消化吸収されなくなるという研究結果**です。これは大変！

なぜ人工甘味料を使った製品は代謝の問題を引き起こすのでしょう？　**どうやら人工甘味料は体内の報酬系を混乱させてしまう**ようです。食べ物は口に入ってからのふたつの段階で報酬を与えます。まず、おいしい食べ物が舌の上にのると、味蕾から脳に「おい、甘いものがきたぞ！」と伝えられ、感覚的な報酬が得られます。その後、消化したあとで、代謝と栄養という形で第2の報酬が得られます。この報酬系が食欲の調整を助けています。食べ物という報酬を得ようとする欲求は、食べたあとには減少するからです（少なくとも、そうであることが期待されています）。ところが、**人工甘味料は砂糖と比べると最初の味覚への報酬が乏しく、食べたあとの報酬に関してはほとんど何も与えず素通りしているようなものです。なぜなら、人工甘味料は食べ物ではないのですから。**

人工甘味料を摂取するときには、私たちは自分の体をだましていますが、思い通りにはだませていません。第2の報酬系をだます方法はないのです。甘味料を含むのに0カロリーの飲料なんて、できすぎた話のように思いませんか？　それも当然、これは事実ではないのですから。こうした飲料は、カロリーに影響を与えずに甘味から喜びを得ようとするものです。確かにすばらしいアイデアですが、**私たちの体はこれが本当の砂糖ではないとわかっています。消化もできず、エネルギーとして使うこともできない偽物なのですから。私たちが何か（砂糖）を欲して、それに似たものを与えられてごまかされると（0カロリーの甘味料）、もっと（砂糖を）欲しくなるだけで終わります。**

## ご褒美なしなんて、ありえない

人工甘味料は生物学的には私たちの体に報酬を与えません。そのことが問題を引き起こします。人工甘味料は砂糖に似た味がして、カロリーはゼロですが、食べ物が与えるふたつの報酬のうち、片方をほんの少し満たすだけです。そのため、甘い食べ物を減らそうとしている人にとっては、実際には逆効果になってしまいます。

「完全な満足を得られないこと、おそらくは食べたあとに報酬系が活性化されないことにより、食べ物を求める行動をさらに刺激する。報酬という反応が弱まることが肥満に貢献しているのかもしれない」

**人工甘味料は砂糖よりほんの少し甘いのではなく、何百倍も甘いのです。**そのことをよく考えてみてください。もし何かが砂糖よりずっと甘い味がするなら、砂糖を食べたときより大きな報酬を期待するはずです。最終的にその食べ物を消化したあとで、ほとんど何の報酬も得られなかったら、失望といら立ちを感じるはずです。たとえ意識してそう感じることはなかったとしても、間違いなく体はそう感じています。ご褒美を受け取れなかったあなたの体は、あとになってからそれを手に入れるための道をこっそりと（あるいはそれほどこっそりではなく）見つけだし、「今回だけ特別」の例外をつくります。報酬を手に入れるためなら、どんなトリックを使ってでもあなたにそう行動するように促すでしょう。

報酬系を部分的にだけ、満足には達しないレベルで刺激する人工甘味料は、私たちをからかっているだけのように思えます。からかわれると欲求を増すだけです。**「人工甘味料はまさにその甘さのために砂糖への欲求を刺激し、砂糖への依存を高める。それが何度も繰り返されることで、特定のフレーバーを好むように訓練されていく」**

この最後の一文は本書の内容すべてにかかわる重要なものです。**何度も繰り返すことで、フレーバーの好みが訓練されていきます。**食習慣もほかの習慣と大きく変わるわけではありません。**人工甘味料を含むものを頻繁に食べている人は、自分が砂糖依存症になる訓練をしているのです。そして、砂糖中毒は体重を増やします。**

人工甘味料を含む飲料と、太りすぎや肥満率との関係について9年にわたって続けられた観察研究がありました。本書でここまでに述べてきたことから、この実験で何がわかったか推測できますか？

人工的に甘くした飲料を飲んだ人がもっとも体重が増えました。ほとんどの人はこの結果を不思議に思うでしょう。でも、あなたはもうわかっています。人工甘味料を摂取する人は自分をごまかそうとした結果、もっとそれを欲しくなっているということです。

## その他の甘味料

ステビアは自然由来のものなので、おそらく人工甘味料よりは健康的です。とても甘く、とても低カロリーで、人工甘味料と比べると長期的に健康問題を引き起こす心配は少ないように思えます。問題は、ステビアも脳内の報酬系を完全に活性化することはできないということで、この点では人工甘味料と同じです。砂糖の代用品を摂取すると、もっと糖分が欲しいという欲求を高めることになります。

キシリトール、マルチトール、ソルビトール、エリトリトールなどの糖アルコールはどうでしょう？　これらは砂糖よりもカロリーが低く、似たような甘さがあります。いくつかの食品に自然に含まれますが、抽出してさまざまな加工食品にも使われます。もしあなたがどうしても砂糖の代用品を使いたいのなら、一般的にはこれらが最善の選択のひとつかもしれません。ただ、気をつけてほしいのは、**糖アルコールは胃腸障害を引き起こすおそれがあること**です。

許容できる糖アルコールとして優れているのはエリトリトールとキシリトールですが、キシリトールは犬には毒性があることを覚えておいてください。

以上のことから導き出される結論をまとめておきましょう。**何か甘いものが欲しくなったときには、まず果物を食べてください。砂糖を使うなら、本物の砂糖を選んでください。**そうでないと必要のない危険をおかすことになり、もっと体重を増やすおそれがあります。それに、本物の砂糖なら人工甘味料のように間違った安心感を与えることもありません。

## 果物を悪者にするのは大きな間違い

もし砂糖が健康に悪く、未加工の自然食品が健康によいのであれば、フルクトースを比較的豊富に含む果物や未加工の食品はどこに位置づければいいのでしょうか？

**低炭水化物ダイエットの理論を信じて、果物を避けている人もいますが、果物を悪者にするのは大きな間違いです。**確かに果物と野菜の多くには炭水化物が豊富に含まれ、最近では選択的な育種や農業科学の発達のために成分が変化しているようですが、世界的な肥満の急増を説明するほどの変化ではありませんでした。

私がこれまで目にしてきた果物についての研究は、減量に適した食べ物という点ではどれも意見が一致しています。別のことを言う人はふたつの理論を持ち出すでしょう。果物のカロリー量または果物に含まれるフルクトースと炭水化物の分析についてのものです。これらの理論は事実ではありません。本書でもたびたび取り上げているように、その誤りを証明するデータは数多くあります。

太りすぎと肥満の人たち77人を対象に行なった2009年の研究で、**果物の摂取は体重の増加ではなく減少と結びつくことがわかりました。**「果物の摂取と体重のあいだには、年齢、性別、身体的な活動量、毎日の主要栄養素の摂取などの条件による影響を差し引いたあとにも、顕著な関係性が見られた。果物の摂取量の増加は体重の減少と強く結びついていた」。これは理論ではありません。人々が果物を食べたときに何が起こるかを観察した結果です。

しかし、この研究の対象はたったの77人でしたから、もっと多くの人が参加した研究にも目を向けてみましょう。

減量産業は目先の利益を追うために、短期的な減量研究に重きを置いてきました。しかし、非常に長期にわたる減量研究もいくつか行なわれています。その結果は注目すべきものでした。

1986年から2001年まで25年にわたって実施された研究には、12万4000人もの人が参加しました。その結果、（おもに果物からの）フラボノイドの摂取が増えると体重の減少につながり、「それ以外の食事内容、喫煙状況、身体的な活動レベルなど、生活スタイルのその他の変化の影響を差し引いたあと」でも結果は同じでした。

この研究では、**フラボノイドの一種であるアントシアニンが、大幅な体重減少の予測因子になる**ことがわかりました。この研究での、またフラボノイドを摂取するほとんどの人にとっての、**アントシアニンのおもな摂取源はブルーベリーとイチゴ**でした。

フラボノイドの成分が、なぜ果物を多く食べると体重が減るのかを説明してくれるかもしれません。フルクトースについての研究は、これを果物以外から摂取する場合についても目を向けています。たとえば高フルクトース・コーンシロップを含む加工食品などです。ですから、フルクトースを含むすべての食品が体重増加の原因になると言うのは正しくありません。フラボノイドを含むすべての食品が体重減少の原因になると言うのも間違いです。たとえば、加工食品にフラボノイドを加えても、その食品が一般的には体重を増やす傾向は変わらないでしょう。

ハーバード大学が24年にわたって実施した研究には、合計で13万3000人以上が参加しました。その結果、**非デンプン質の野菜の摂取が増えると、体重減少につながる**ことがわかりました。それよりもっと大きな体重減少と関係があったものがあったのですが何だったかわかりますか？　果物です。

重要なのは、これらの結びつきが、果物が減量の原因になる証拠として確かなものではないということです。相関関係は必ずしも因果関係ではありません。それでも、実際に減量と関係している可能性は高いと思います。果物には減量につながりやすい特徴がたくさんあり、食生活の選択が体重の増加や減少を引き起こすことはすでに知られています。また、果物は肥満という世界的現象が起こるずっと以前から、人々が食べていた「古代」の食べ物のひとつです。果物の摂取と体重減少との関係性については、複数の長期研究で同じ結果が出ています。もしあなたが、100キロカロリーのスナック菓子が減量の鍵になる、あるいは「すべての炭水化物は太る原因になる」と信じこまされてきたのであれば、このようなデータはきっと驚くべきものでしょう。一時的に流行した多くのダイエット法で、果物は悪者扱いされてきましたが、長期研究ではいつも、すべての食品グループのなかでもっとも減量と結びつくのが果物でした。

## なぜ果物が減量のためのチャンピオンなのか

なぜ果物が減量のためのチャンピオンなのか、その理由をいくつか挙げてみましょう。

## ❶果物は(何といっても)おいしい

これは冗談ではありません。おいしいかどうかは重要です！　**果物は健康的で、現在多くの人が食べている甘くて太りやすい食品に代わる、信頼できる食べ物です。**現実に目を向けましょう。あなたのアイスクリーム好きは、ケールを胃のなかに詰め込むことではその代わりになりません。でも、あなたはマンゴーを食べたことはありますか？　マンゴーは私の大好物の果物です。あるいは、冷凍バナナを食べたことはありますか？　アイスクリームのような味がしますから、ぜひ試してみてください。

太りすぎの人たちが果物をあまり食べないのは、偶然でしょうか？　「太りすぎの子ども（95パーセンタイル）と肥満の成人（男女とも）は、健康的な体重の人たちよりも、果物の摂取量がかなり少なかった」という調査結果があります。彼らはおそらく糖分を加工食品からとっているのだと思います。

私たちの舌には味蕾という小さな器官があり、自然の甘味をしっかり味わうことができます。もし果物を食べると太るという説を信じるとすれば（科学的な証拠は反対にやせると言っているのに）、私たちは甘味を別のところ、おそらくは人工甘味料か糖分を加えた加工食品に求めるようになるでしょう。これらを食べると本当に体重が増えます。甘いもの好きの人たちにとって、果物はその欲求を満たしてくれる命綱となる食べ物です。何か甘いものが欲しくなったときは、果物こそがあなたを救ってくれます。

## ❷果物には酵素、フラボノイド、ビタミン、ミネラルが含まれる

**果物は消化酵素の摂取源としてもっとも優れた食べ物のひとつです。栄養の消化と吸収がよく膨張がおさえられ、満足感とエネルギーを与えてくれます。**私の好きな果物のふたつ、パイナップルとキウイフルーツには、たんぱく質の分解と消化を助けるプロアテーゼと呼ばれる強力な酵素が含まれます。最近、私は船旅をしたのですが、ビュッフェに生のパイナップルがあり、毎食後に必ず食べていました。すると、消化に驚くような効果があり、旅のあいだに胃酸が逆流することは一度もありませんでした。

どうやらフラボノイドは過小評価されているらしく、まだ完全には理解されていない化合物ですが、これがあるおかげで果物はその栄養成分から推測されるより数倍は健康によい食べ物になっています。果物は吸収されやすいビタミンとミネラルも豊富です。人の体がうまく働くためにはこれらの微量栄養素が必要で、体の働きにはもちろん体重の調整も含まれます。

## ❸自然食品に含まれる未加工の糖分は化合物、抽出物、添加糖より優れている

もしあなたが低糖ダイエットを考えているのなら、果物を避けようとするかもしれません。でも、医療目的で糖分を控えなければならないのでないかぎり、果物は避けないでください。

**果物の糖分は加工食品に比べれば多くありません。**20オンス（567グラム）の炭酸飲料にはバナナ1本、リンゴ1個、オレンジ1個、キウイ1個を合わせたより多くの糖分が含まれています。

ある研究で、**「特定の自然食品、とくにブルーベリー、ブドウ、リンゴを多く食べるほど、2型糖尿病のリスクが減り、果物のジュースを多く飲むほどリスクは高まる」**という結果が出ました。

## ❹果物は甘いが、それでも血糖値を下げる

フルクトースを豊富に含む食品が血糖値を下げるかもしれない、と聞くと不思議に思うでしょうが、ここでもやはり理論ではなくデータを信じてください。メキシコで行なわれたある研究では、低フルクトースダイエット（1日に20グラム未満）と天然フルクトースダイエット（1日に50〜70グラム）を比較しました。どちらのグループも血糖値、インスリン抵抗性、コレステロール、血圧の数値に改善が見られました。ふたつのグループの最大の違いは体重の減少で、天然フルクトースを摂取したグループのほうが50パーセントも多く体重が減りました（2・8キロに対して4・2キロ）。食事からフルクトースを大幅に削ると体重は確かに変化しますが、果物を避けてしまうとそれほど大きな効果が得られなくなります。

## ❺果物のカロリー当たりの満腹効果は抜群

私が冷凍マンゴーを1袋まるごと食べた話を覚えていますか？　この冷凍スライスマンゴーの袋（284グラム入り）はわずか200キロカロリーですが、52・7グラムのスニッカーズは1本で250キロカロリーあります。**マンゴーは胃の中でスニッカーズの5倍のスペースを占め、カロリーは少ないにもかかわらず、微量栄養素が豊富です。**

私たちの体の60～70パーセントは水分です。ある意味で、果物を食べる量を増やすことは、水を飲む量を増やすことに近いといえます。水分が多いことに加えて、果物は植物繊維が豊富で、カロリーが比較的低いわりには満腹感を与えてくれます。

## 注意：果物のジュースは生の果物と同じではない！

果物のジュースにはいくらかのビタミンとミネラルが含まれるかもしれません。もとになっているのが果物だからです。それでも、生の果物ほどの満腹感は得られません。ある研究では、**昼食前に生の果物を食べると、食事でのカロリー摂取量が15パーセント減る**ことがわかりました。それはすばらしいことですが、興味深いことに、**「自然の果物に含まれるのと同じ程度の繊維を［果物の］ジュースに加えても、満腹感が増すことはない」**こともわかりました。ジュースにあとから繊維を加えても、生の果物から得られる自然の満腹感を取り戻すことはできないということです（アップルソースにもリンゴと同じ満腹効果はありません）。

**生の果物は、あなたがどれだけ食べるか、あなたの体がどれだけフルクトースを吸収するかを調整してくれます。果物のジュースはたとえ100パーセント果汁でも、太る原因になります。**

## あなたの食事はどれほど健康的か

減量に適した食品、適さない食品の説明が終わったところで、あなたの現在の食習慣を考えてみましょう。「健康的な食事」をするという方法を試したけれど効果がなかったと思っている人もいるかもしれませんが、その人たちは実際にはこの方法を試していません。健康的な食事についての考え方自体が的外れであれば、自分では正しいことをしているつもりでも、結局は体重が増えてしまいます。

**「健康的な食べ物」は、多くの人が考えるよりはるかに範囲がせまい**のです。減量に適した健康的な食べ物には次のものは含まれません――低脂肪のフレーバーヨーグルト、オーガニックのグラノーラバー、無糖の食品、オーガニックのトルティーヤチップス、オーガニックのキャンディ、低カロリーダイエット食品、100パーセント果汁のジュース、オーガニックまたは従来タイプの加工食品のほか、加糖している食品全般（食料品店にある商品の75パーセントを占めます）、高フルクトース・コーンシロップと大豆油のドレッシングをかけたサラダ。

次のような不安にさせるデータもあります。『コンシューマー・リポート』誌が１２３４人を対象に行なった調査では、回答したアメリカ人の89・７パーセントが、自分は少なくとも「ある程度は健康的な」食生活をしていると考えていました。それなのに、この同じ回答者の43パーセントは毎日少なくとも炭酸飲料１本かフラプチーノ、あるいはタピオカ入りミルクティーを１杯飲んでいました。もしあなたもこれらのどれかを毎日飲んでいるのなら、それはきっと「ある程度は健康的な」食生活ではありません。

あなたの家のキッチンをのぞいてみてください。調理台や冷蔵庫、冷凍庫に、生または冷凍された果物と野菜はありますか？　もしなければ、普段はどうでしょう？　もし普段からないのなら、あなたはおそらく健康的な食生活をしていません。

アメリカ人の90パーセント近くが、自分は健康的な食事をしていると信じているのなら、事実を認められないという深刻な問題を抱えていることになります。前述した２０１６年３月に発表された全米調査の報告書によれば、「アメリカ人のエネルギー総摂取量の57・９パーセントを超加工食品が」占めています。本来なら食事の０パーセントを占めるべき食べ物なのに、半分以上を占めているのです。

## 健康的な食べ物と死んだ食べ物

**食べ物が健康によいかどうかは、ほぼ完全に、どのくらい加工されているかで決まります。一般的に言えば、食品は加工されるほどカロリー密度が高まり、栄養価は減り、カロリー当たりの満腹感も減ります。**未加工の食品のどれが減量にもっとも適しているかについては簡単には答えられませんが、ブドウの代わりにモモを食べることでは体重の増減に変化はありません。**減量できるかどうかは、加工食品をどれだけ減らし、自然食品をどれだけ食べるかによって決まります。**加工食品は体重増加の原因になります。最低限しか加工していない食品は、もしあなたが太りすぎなら減量の大きな助けになり、太りすぎでないのなら、現在の健康的な体重を保つのを助けてくれます。

**植物の葉にはクロロフィルや抗酸化物質などの化合物が含まれ、その植物の健康と生命を維持しています。**あなたが植物を食べたときにも、これらの生きた化合物は活動を続け、あなたの体内で同じように生命活動を助ける働きをします。アボカドをしばらく保存しておくと、茶色に変色しますよね？　これは酸化による変化です。酸化は細胞を殺したり細胞の機能を損なったりします。脂肪の場合は、酸化は脂肪細胞が破壊されてエネルギーとして使われることを意味します。ですから、酸化は脂肪のためにはいいのですが、体内のほかのほとんどの細胞のためにはよくありません。

**加工食品は死んでいます。加工によって食べ物に含まれる優れた成分のほとんどを殺して**

**しまうからです。たとえば、多くの人はシリアルが「健康的」だと思っています。成分表を見ると、添加ビタミンの名前が長々と書かれているからでしょう。しかし実際には、これらの加工食品に生きている食べ物の恵みある化合物はほとんど何も含まれていません。**

## 減量に適した食べ物、適さない食べ物

野菜以外のあらゆる食べ物が体重に与える影響について、議論が続いています。物事には全体像を見るべきときと、細部を見るべきときがあるものですが、この議論に関しては全体像を見る必要があります。私たちが農場ではなく実験室で食品をつくり消費し始めたときから、世界の肥満率は急上昇してきました。超加工食品の消費が急増するとともに、カロリーの摂取量と肥満率も急増しました。

減量について書いている人たちの多くは、すべての食べ物の体重への影響についてはっきりさせなければならないと思っていますが、実際にはそんなことをする必要はまったくないのです。基本的な方針として、加工されていない本物の食べ物を食べ、明らかに体重を増やす食べ物を大量に食べることをやめれば、あなたは減量に成功します。

ジャガイモ、肉類、全粒小麦、乳製品など、議論の絶えない食品を食べるのか食べないのかについては心配しないでください。これらは何世紀も前から食べられてきて、長いあいだ体重の問題と関連づけられることはありませんでした。確かに、これらを食べることでほん

の少し体重計の針が間違った方向に動くことはあるでしょう。でも、頻繁に炭酸飲料を飲んだりクロワッサンを食べたりすることとは違い、ゆでたジャガイモを食べても、あなたのやせる努力を台無しにすることはないはずです。**野菜と生の果物を中心に食べているのであれば、健康的な食事の基礎をマスターしている**ことになります。その段階まで達してはじめて、議論されている食べ物を食べるべきかどうかに注意を向けられます。それまでは、あなたの仕事は優れた食べ物を追い求め、それ以外に何を食べるかについては心配しないことです。この点は何度も繰り返しておくだけの価値があると思いますが、健康的な食生活を手に入れるための正しい考え方は、とにかく健康的な食べ物に集中し、不健康な食べ物をできるかぎり避けるということです。

次のリストはダイエットには使わないでください。どの食べ物が減量の味方かを知っておくことは重要ですが、もっと重要なのはいっぺんに食生活を変えないこと（変えようとしないこと）です。このリストはすべてを網羅しているわけではありません。これらの食べ物が何を意味するのか、その背景を理解するように心がけてください。

## ❶ 超健康食品——減量の味方になる主食

これは重要なリストなので、残りのリストを見たあとで、もう一度読みなおしてください。ここに挙げている食品は避けるべきものではなく、追い求めるべきものです。すべての果物と、基本的にはすべての野菜のことを言っているのだとわかるまでは、短いリストに見えると思います。一口にトマトと言っても4000もの種類があります。味、食感、食べ方の異なる果物と野菜は数千、数万もあります。

一般的には、最低限しか加工されていない果物と野菜を食べていれば、害を与える量の塩、砂糖、カロリー、脂肪を含むことはありません。たとえば、アボカドは82パーセントが脂肪ですが肥満の原因になることはなく、すばらしい満腹効果があります。「26人の太りすぎの成人についての食後の調査では、昼食にアボカド半個を食べると、空腹感や食べたいという欲求が減り、アボカドを食べないグループと比べて満腹感が増したことがわかった」という調査結果があります。

**・水（もっとも過小評価されている減量ツール。これについてはのちほど説明します）**
**・すべての果物**
**・（ほぼ）すべての野菜**
**・種子、豆、ナッツ**
**・魚（揚げたものはのぞく）**
**・マスタード**
**・酢**
**・卵**
**・すべてのスパイス**

**・すべてのハーブ（スパイスとハーブは食べ物をおいしくするだけでなく、体にもよいのですから、本当にありがたい食品です）**
**・醗酵食品、たとえば（全脂）ヨーグルト、キムチ、ザワークラウト、ケフィア、紅茶キノコなど**
**・オリーブオイル**
**・ココナッツオイル**

ココナッツオイルは中鎖脂肪酸トリグリセリド（ＭＣＴ）が豊富に含まれるので減量効果が高く、すばやく吸収されてエネルギーとして使われます（脂肪として蓄えられることがありません）。**調理のときにはココナッツオイル、オリーブオイル、バター以外のものを使う必要はありません。ココナッツオイルとオリーブオイルは用途が広く、おいしく、健康的です。**オリーブオイルは加熱せずにディップやドレッシングとして使うのにも適しています。

デ・モントフォート大学のマーティン・グルートヴェルト教授は、日常の食生活を利用した実験で、ボランティア参加者が調理に使ったあとに残ったオイルを分析しました。その結果、次のことがわかりました。「ヒマワリ油とコーン油からは世界保健機関（ＷＨＯ）が推薦しているより20倍も高いアルデヒドを検出した。オリーブオイルとグレープシードオイルはそれよりアルデヒドがずっと少なく、バターとガチョウの脂肪も同じだった」。アルデヒドは酸化したアルコールで、人の体には悪く、多くの病気と結びつけられています。すべてのオイルのなかで、調理のために熱したときにアルデヒドをつくる量がもっとも少なかったのがココナッツオイルでした。

**注意：青汁（野菜だけのもの）とグリーンスムージーは栄養の宝庫。抗炎症効果と栄養吸収のよさのために、食事に加えると非常に効果的です。**ただし、ここでのキーワードは「加える」ということです。おなかをすかせ、無理に青汁だけをのどに流し込むのはやめてください。最近の流行のようですが、長く続けることはできません。

## ❷ 適度に健康的な食品――控えめながら減量の味方

・**全粒穀物――玄米、全粒小麦パスタ、キヌア、大麦、キビ、オート麦などは健康によい食べ物です（クラッカーや大部分のパンは含みません。たいていは加工成分が複数含まれているからです）。**

・**最低限しか加工されていない肉**――わかっています。最近では肉を責めるのが人気のようですが、人間ははるか昔から雑食で、それでも体重の問題を抱えることはありませんでした。それに、ベジタリアンやヴィーガン（完全菜食主義）の食事を長く続けられるとは思いません。とは言うものの、あなたがベジタリアンやヴィーガン食を好むのであれば、それはそれでかまいません。もっとひどい食生活もありますから。

## ❸議論の余地がある食べ物

多くの全粒パンは添加物を含みます。そのため、小麦を含む食品をどれかひとつ選ぶのであれば、全粒穀物パスタを選んでください（単一原料の食品です）。小麦アレルギーの場合は食べてはいけないということは言うまでもないでしょう。パスタソースはどれもたいてい砂糖が加えられているので、私はオリーブオイル、バジルソース、チーズを使った味つけが気に入っています。健康的でとてもおいしいですよ！　お手製のパスタソースをつくるのも、とても簡単です。

**・脂肪分の高い乳製品――乳製品は高カロリーの食品に分類されますが、そのカロリーは質が高く、満腹感を与えます。**ある研究によると、カロリー制限ダイエットのあいだに、食事に乳製品を含めた人はそうでない人より70パーセントも多く体重を減らしました（カルシウムを含む食事をした人は26パーセント多く体重が増えました）。もし乳製品が好きなら、量を控えめにしましょう。ただし、主食にはやはり超健康食品を選ぶほうがより大きな減量効果を得られます。

高脂肪のものと無脂肪のもの、どちらを選ぶべきかについては明らかです。**牛乳、サワークリーム、バター、ヨーグルト、その他の乳製品に関しては、脂肪分を含むものを選ぶようにしましょう。**

**・ある研究で、脂肪分の豊富な乳製品をとる女性はＢＭＩ値が低いという結果が出た。**

1万8000人の女性を対象にした調査では、「高脂肪の乳製品をとり、低脂肪の乳製品をとらないと、体重増加が少ないというデータと結びついた」と報告された。

・1700人の男性を対象にした調査でも、まったく同じ結論だった。**高脂肪の乳製品は12年後の肥満率を引き下げ、低脂肪の乳製品は肥満率の増加と結びついた。**

**・2歳から4歳の子どもを対象にした研究では、脂肪分1パーセントの牛乳またはスキムミルクを飲んだ子は、脂肪分2パーセントの牛乳または全乳を飲んでいた子と比べて、BMIの数値が高くなった。**

**低脂肪牛乳が全乳より何らかの点で優れているという結論を出した研究は、ひとつも見つけられませんでした。**おそらく、低脂肪牛乳はどの点から見ても全乳より劣っているからでしょう。オレゴン州立農業大学は1930年に「市場向けの豚を太らせる」と題した小冊子を出版しました。この小冊子から抜粋した次の興味深い文章を読んでください。「**スキムミルク。これは豚を成長させるのに最適なサプリメントになるだけでなく、太らせる目的でもほぼ同じ効果がある**」。体重管理に関する私たちの知識は、多くの点で後退しているように思えます。かつては豚にスキムミルクを与えて太らせるという正しい方法を使っていたものですが、今では自分たちがそれを「減量ドリンク」として飲んでいます。

こうしたデータは、本書でここまでに論じてきたすべての見解の正しさを証明するものです。そして、カロリー計算を好む人たちや、「脂肪は悪者」と責める人たちなど、複雑な食べ物の一面だけを見て結論を下す人たちには驚きのデータです。次の文章を読んで、研究結果をもう一度見直し、それが何を意味するかをしっかり理解してください。「全乳は同じ量の低脂肪牛乳と比べ、カロリーが2倍近く高い」

あなたは世の中に流布している説を（それが肥満率を急上昇させたにもかかわらず）信用しますか？　それとも、どの説が科学的な観察結果をもっともよく説明しているかを考えるでしょうか？　ここに、データにぴったり合う乳製品の説明があります。それははっきりと、**全乳は乳製品より減量効果があると言っています。全乳はほとんど手を加えられていない、健康的な自然食品です。**スキムミルクは全乳をもっと加工したものです。スキムミルクを飲むと、全乳を飲んだときより満腹感も満足感も少なくなります。無脂肪または低脂肪の牛乳も、全乳よりカロリー当たりの満腹効果が低いでしょう。全乳110グラムはスキムミルク220グラムよりも満腹感が得られるはずです。牛乳だけを個別に考えるなら、スキムミルクは間違いなくカロリーが少なく、体重が増えにくいように思えます。しかし、私たちが食べるものは、あとから食べるものの種類と量に影響します。さらに、牛乳に含まれる脂肪は糖分の消化をゆっくりさせます。

あなたの体は次のようには考えません。「ああ、同じ量の牛乳なのに、カロリーは半分だ！」。スキムミルクは飲む人をだますだけで、体まではだませません。人間の体は減量についてはごまかされません。体重を減らしたいのなら、乳製品のなかでも全乳をとるように心がけましょう。私の言葉をそのまま信じなくてもかまいません。ただ、データを見てください。もちろん、生乳は店舗で買う牛乳よりもはるかに優れています。なぜなら殺菌（高温ですべてのものを殺す工程）と均質化（乳脂を分離して取り除くために高速回転する）という加工のプロセスを省いているからです。生乳は生きていて、殺菌プロセスで破壊されてしまう体に役立つ酵素を含みますが、いつも簡単に手に入るわけではありません。アメリカでは個人に対して飲用目的の生乳を売ることは違法です。ただし、ペットたちなら飲むことができます。生乳はサルモネラ菌やリステリア菌などの細菌に汚染されているおそれがありますから、もし飲むのであれば、自らの責任で飲むようにしてください。

**・プロテインパウダー――プロテインシェイクを飲むのなら、朝食で飲むのがいちばんです。そして、添加物ができるだけ少ないものを選ぶといいでしょう**（私はプロミックスとソルガーを使っています）。私が好むのは、たんぱく質として完全な乳漿たんぱくです。これは加工食品ですが、適切な成分のものを選べば、加工食品のなかでは優れた選択肢になります。たんぱく質は満腹効果が高く、筋肉づくりとその維持には最適です。そのため、優れたプロテインパウダーは、とくに運動をしているときには、同じ体重でも脂肪ではなく筋肉量を増やすのを助けてくれます。朝食時のプロテインシェイクよりいいものは？　生の果物、野菜、卵、加工の少ない肉、ヨーグルトです。

**・スープ――水分が多いので通常はよい選択肢ですが、つくり方と何を材料にするかによって大きく異なります。**

**・高デンプン質の野菜――ジャガイモ、豆類、トウモロコシをこの分類に入れたのは、前述**

**の24年にわたる長期研究で、これらが体重の増加と結びついていたからです。とくにジャガイモは多くの人が悪者扱いしていますが、分析結果の上ではすばらしく見えます。**ジャガイモはとびきり満腹感を与える食べ物で、抗酸化物質、ビタミン、ミネラルを豊富に含みます。歴史を通じて、多くの国で主食として食べられてきました。現在見られる肥満と太りすぎの急増は、現代的な原因による現代的な現象です。ジャガイモをたっぷり食べても太らないと言うつもりはありませんが（この点では研究結果に幅があります）、心配せずにジャガイモを食べることはできます。ジャガイモ好きの人は多いと思いますが、あなたもそのひとりなら、食べて悪いことはありません。

**・白米——食べ物として最悪のものではありません。超加工食品よりははるかに優れています。そして、白米を主食としている多くの社会で、人々はスリムな体型と健康を保ってきました。とは言うものの、もし玄米に切り替えられるのなら、ぜひそうしてください！** 白米は玄米を加工して胚芽とぬかを取り除いたものです。つまり、食物繊維が少なくなり、栄養分もかなり減ってしまうということです。**白米と精米パンのどちらかを選ぶのなら、白米が圧倒的な大勝利を収めるでしょう。**精米パンは極端に加工され、しばしば数十の成分が加えられています。白米は単一原料の食品なので、それが大きなプラスになります。もっとも、レストランで食べる白米は単一原料かどうか当てになりません。油で調理し、ナトリウムが加えられていることが多いからです。

## ❹やや不健康な食べ物――体重増加につながるかもしれない

**・低脂肪または無脂肪の乳製品――体によい脂肪が取り除かれているため、高脂肪の乳製品より満腹効果が劣ります。**さらに、研究結果では、高脂肪の製品よりも体重増加と結びつく傾向がありました。思い出してほしいのですが、1930年代には豚を太らせるためにスキムミルクを使っていたのです。

**・果物のスムージー――もしチェーン店で果物のスムージーを買うのなら、かなりの確率で糖分が加えられているか、実際の果物の代わりに果物の風味がするシロップが使われています。**その両方を組み合わせている場合もあります。たとえ自宅で本物の果物を使ってスムージーをつくる場合でも、果物の大事な繊維が失われてしまいます。研究結果によると、果物をかき混ぜることで、繊維の消化のされ方が変わってしまうようです。そのため、果物のジュースとあまり変わらなくなってしまいます。そう、こちらは完全に体重を増やす飲み物です!

## ❺超不健康な食べ物――確実に体重を増やす

**・超加工食品――チップス、クラッカー、クッキー、パイ、ケーキ、アイスクリーム、パンケーキ、ワッフル、精白パスタ、ピザ、精白パン、果物のジュース(果汁100パーセントのジュースも同じです)、炭酸飲料、ラテ、キャンディ。**もしこのリストを見てよだれが出てきたとしても、心配はいりません。健康的な食べ物にも食欲をそそるものがありますから。

・**揚げ物すべて、また植物油で調理したほとんどのもの——大豆油とほとんどの植物性油は体重増加の大きな原因になります。**アメリカではこれらを避けるのは本当にむずかしいと思います。

・**偽物の健康食品——オーガニックのグラノーラバー（添加糖）、オーガニックのドライフルーツ（通常は砂糖が加えられ、大切な水分が取り除かれています）、フレーバーヨーグルト（間違いなく甘味料が使われています）、オーガニックのシリアル（加工レベルが高く、砂糖が加えられています）。**

・**一般的なソースやドレッシング——たいていのソースは大豆油と、砂糖か塩（または両方）がたっぷり含まれているため、体重を増やす効果は非常に高くなります。**私が目にしてきたほぼすべての市販のサラダドレッシングに大豆油が使われていました。

・**加工レベルの高い肉類——ボローニャソーセージ、ホットドッグなどは、加工されすぎて、まだ「肉」と呼べるのかどうか疑問に思うほどです。**

**ついでに一言——私は缶詰めされた食品を避けています。ほとんどの缶にはBPAという合成化合物が含まれているからです。**これは肥満と結びつくだけでなく、インスリン抵抗性やがんとも関係しています。アナ・ソト博士はこう言っています。「動物実験の結果を総合すれば、ＢＰＡは人間の乳がんと前立腺がんのリスクを増すという結論に至る十分な証拠がある」。缶の内側のBPAが食べ物にも染み出します。ハーバード大学の研究では、日常的に缶詰のスープを飲んでいると、被験者の尿に含まれるBPAレベルが、缶詰ではないスープを飲んだ人たちと比べて1221パーセントも高くなりました。これについては反論の余地がありません。ありがたいことに、BPAを含まない缶に移行する企業が増えています。**私がすすめるのは新鮮な食べ物、冷凍食品、ガラス瓶入りの食品ですが、どうしても缶詰しかないのなら、BPAフリーの缶詰を探すようにしてください。**もしあなたの食べる野菜が缶詰になったものだけで、BPAフリーの缶詰が手に入らないとしても、どのような形であれ、それでも野菜を食べる価値はあると思います。

## 健康的な飲み物とは？

**もっとも効果的な減量法のひとつは明らかなはずなのに、すっかり忘れられています。そう、水を飲むことです！**　水は0カロリーで、食欲のリズムを整えます。ダイエット飲料も0カロリーですが、これらは体の代謝を乱すのに対して、水は改善してくれます。

もしあなたが水以外の飲料を習慣的に飲んでいるのなら、それがウエスト周りのサイズに影響を与えているのではないかと疑いを持ってください。炭酸飲料、果物のジュース、アルコール類、そして糖分を加えたほかの飲料（コーヒーやお茶を含みます）は、脂肪を減らそうとするあなたの努力をじゃまします。牛乳については疑問符つき、といったところでしょう。

ある研究で、48人の参加者をふたつのグループに分けました。どちらのグループも低カロリーの食事をとりますが、片方のグループは食事前に220グラム容量のカップ2杯の水を飲みました。12週間の実験期間の終わりには、水を飲んでいたグループは7キロ体重が減ったのに対し、ほかのグループは5キロでした。カロリー制限の愚かさとこの研究が短期のものだったことは脇に置くとして、水を飲んでいたグループは明らかな勝者でした。カロリー制限した食事を続けると、体が長期的に脂肪を蓄えようとします。しかし、水をたくさん飲むとその反対のことが起こるようです。男女7人ずつの参加者を対象にしたある研究では、**500ミリリットルの水を飲む人は、40分で代謝率が30パーセントも増しました。代謝が上がるのはよい徴候です。たとえそれが短い期間だけだったとしても。低カロリーダイエットの大きな問題は、代謝が急に下がることです。**たとえ食べ物が短期的に人々の体重を増やしたとしても、長期的に代謝がよくなれば、減量には優れているでしょう。短期的な減量に成功しても、長期的には代謝の乱れと体重増加につながる方法よりは、はるかに優れています。

水のほかにもうひとつ、紹介しておきたい特別な飲み物があります。**抗酸化成分がたっぷり含まれた緑茶は、減量のための究極の飲み物といえるでしょう。**研究結果によれば、緑茶の成分は腹部の内臓脂肪の燃焼を助ける効果が高いとされています。これは多くの人がとくに脂肪を減らしたいと考えている部位で、体にとってもっとも有害な脂肪でもあります。緑茶の脂肪燃焼効果は、カテキンと呼ばれる抗酸化物質を豊富に含んでいることが大きな理由です。私が調べたところでは、この抗酸化物質はココア、ブラックベリー、赤ワインなどほかの食品にも含まれますが、緑茶がどの食品よりもカテキンを豊富に含んでいました。

コーヒーや紅茶はどうでしょう？　少量であれば、カフェインは一時的に代謝を上げる効果があります。実際に、カフェインは運動前に服用するサプリメントによく含まれる成分のひとつです。おそらく運動効果を高めるためにもっとも多く使われているものです。もちろん、エネルギーを得るためにカフェインを「必要」とするのなら、コーヒーや紅茶を飲むのは理想的とはいえません。私はコーヒーを飲みませんが、その理由はエネルギー源としてこれらの飲み物に依存する人をたくさん見てきたからです。

**健康と体重に関していえば、コーヒーや紅茶の最大の問題は甘味料を加えて飲む機会が多いことです。**もしどれかひとつ甘味料を選ばなければならないとしたら、ハチミツ、未加工のブラウンシュガー、ステビアがまだましなように思えます（私ならハチミツを選びます）。確かなことがひとつ。それはレギュラーコーヒーや紅茶は、砂糖がたっぷり入ったラテなどのコーヒーショップの定番ドリンクよりはずっと優れているということです。もしコーヒー1杯とキャラメルラテのどちらかという選択であれば、文句なくコーヒーの勝利です。

大事なことをひとつ教えましょう。もしあなたが**飲み物と甘味料を切り離すことができれば、減量のゲームをかなり有利に戦えます。**大事なのは「条件づけ」です。炭酸飲料を毎日飲む人にとって、水は味がなさすぎるように感じます。水を毎日飲む人にとっては、炭酸飲料やラテは甘すぎるように感じます。

液体は私たちののどを潤す、もともと満足感を与える性質のものといえます。すべての飲み物のベースとなるのは水です。つまり、水を飲むことは習慣にできます。たとえ今はそれほど好きではなくても、お気に入りの飲み物にできるということです。私たちは自分の必要を満足させるものを楽しめるように、習慣づけることができるのです。

## 健康によく減量効果が高いアルコール飲料

**アルコールに関しては、健康によく減量効果が高いのはワインです。**日常的にワインを飲む人は、まったく飲まない人やほかのアルコール類を飲む人と比べ、死亡率が低い傾向があるようです。ワインを飲むことと死のあいだには、「J字」型の関係性が見られます。**控えめに飲むと健康にいいのですが、飲みすぎると健康を損なうという意味です。**

ワインを含め、どの種類のアルコールにも、「減量ドリンク」になるというはっきりした証拠はありません。ハーバード大学が13年をかけて実施した1万9000人の女性を対象にした研究では、お酒を飲む人は飲まない人よりも体重が増えにくかったものの、増えるという点ではどちらも変わりありませんでした（太りすぎや肥満ともっとも結びつかなかったのが赤ワインでした）。

赤ワインには実際に抗酸化作用のあるレスベラトロールが含まれ、この化学物質は健康にも体重管理にも優れていることがわかっています。ただし、ボトルではなくグラスで飲むようにしてください。

## 運動は大切、でもその理由はあなたが想像していることとは違う

ここまで食べ物について説明してきましたが、運動についてはどうでしょう? 運動は本当に減量の助けになるのでしょうか?

減量のために運動は必要ないと教える本は、4つの間違いをおかしています。

**❶ 定期的な運動が代謝に与える長期的効果を考えに入れていない**（運動と減量の関係についての短期的な研究しか見ていない）。

**❷ 食事と運動の両方に同時に取り組むのは「大変すぎる」と考え、より重要と考えるほう（食事）だけに集中している。しかし、これが大変になるのは、減量プランに「ダイエットする」ことを選んだ場合にかぎられる。**

**❸ 運動することと活動的であることを区別していない。**

**❹ 運動のストレス発散効果を考えに入れていない。運動はストレスによる過食を減らし、コルチゾール分泌量を減らし、眠りの質を改善する。**

皮肉なことながら、運動の減量効果は論争の的になってきました。短期研究では、食生活

の改善は減量に効果があるのに対し、運動は効果がないという結果でした。**長期的な研究では、**大部分の食事法には効果がないのに対し、**運動は減量を成功させ持続させる上で重要な要素のひとつである**という結果が出ています。というわけで、私たちには選択肢があります。短期の研究と長期の研究のどちらを重視するかです。

もし1年かそれ以下の短期調査に基づいて結論を出すのなら、短期的な減量プランのほうが期待できると思うでしょうが、これらのプランは長期的にはたいてい失敗します。10日間での目標達成を目指す減量プランが持続的な結果を出さなくても、誰も驚かないと思います。もともと10日で成功させる減量なのですから！

## 運動の目的は「カロリー燃焼」ではない

短期研究の結果は、運動は減量には効果のない方法だと言っています。これは、運動で燃焼するカロリー量が、近い将来の体重にほんのわずかな影響しか与えないという点では、当たっています。そして、運動をすると食欲が増すのが普通です。そのため量をたくさん食べることにつながり、結果的にはカロリー摂取量と消費量の差が、みなさんが思っている以上に小さくなります。でも、もう一度繰り返しますが、これはカロリーだけに注目をしているという点で視野がせばまっています。減量にはもっとたくさんの要素がからんでいて、科学もそれを証明しています。

メタ分析によって、「短期的には、食事だけでもBWMP（行動体重管理プログラム）と組み合わせても、減量効果については似たような結果だが、**長期的には食事法と身体活動を組み合わせたときのほうが減量効果は増す**」ことがわかりました。全米体重管理登録簿は、長期的な減量を成功させた人たちについて調査しています。それによると、体重を減らし、その状態を何年も維持できた人たちの「90パーセントは、1日平均1時間の運動をしていた」と報告されています。

このテーマについての本当に長期の結果を見てみましょう。20年におよぶある研究では、男女ともに運動と体重の減少が結びつき、とくに女性のウエスト周りのサイズが小さくなりました。

**運動が体内のホルモンバランスを最善の状態にすることで、減量を助けているのだという証拠もいくつか見つかりました。**研究の結果、定期的な運動はインスリン抵抗性を低下させ、インスリンへの反応を高める反応と結びつくことがわかりました。これはどちらも代謝がよくなることを意味し、健康と体重管理に役立ちます。

## 脂肪減少は体重減少より重要？

たとえ運動によって体重が減ることがなくても、脂肪は減らせます。**「運動が減量と結びついても結びつかなくても、内臓脂肪と皮下脂肪の両方の減少とは結びつくことがわかっ**

た」という研究結果があります。このことは重要です。なぜなら、脂肪を減らすことが私たちの本当の目標なのですから。そして、体重が変わらなくても脂肪が筋肉に変われば、あなたの体はずっと整って見えます。

**運動は「カロリー減少」が目的なのではありません。代謝、抗炎症、循環機能の改善が目的です。**運動は健康的なライフスタイルのための選択であって、短期間に体重を減らす奇跡を期待して行なうものではありません。運動することによって、数々の健康的なメリットに加えて、長期的な減量に成功できるはずです。

運動は減量のために払う代償ではありません。人生のもっとも楽しい活動のひとつです。自分の体型に満足できないときには、運動しても楽しくなく、不快に感じてしまいます。でもひとたび力強くなる自分を実感してみれば、やみつきになること間違いありません。

## 減量の隠れた要因

食べるものと体を動かすことが、減量に結びつくふたつの大きな要素です。しかし、ほかにも目を向けるべき要素がいくつかあります。これらの要素は、私たちが動いたり食べたりする方法を変えることで、直接・間接に体重に影響を与えます。

## ◎睡眠不足が減量の妨げになる

10人を対象にした調査で、**睡眠不足が減量の妨げになることがわかりました。脂肪の燃焼を55パーセントも低下させ、脂肪以外の燃焼を60パーセント増やし、空腹を感じやすくさせ、脂肪の酸化を減少させる方向にホルモンバランスをシフトさせるから**です。これは、8・5時間の睡眠をとるときと、5・5時間しか睡眠をとらないときを比較した結果です。この興味深い研究では、参加者それぞれに睡眠時間を5・5時間に制限する生活を2週間続けたあとで、8・5時間の睡眠をとる生活を2週間続けるというサイクルを2度繰り返してもらいました。したがって脂肪の燃焼に関するこの違いは、同じ人に対して観察されたもので、摂取カロリーも管理されていたため、ほかの条件の違いは最小限に抑えられています。**睡眠時間が少ないと空腹感が増し、そのため食べすぎる傾向が表れました。**エネルギー摂取量は一定していても、睡眠時間が少ないときには脂肪の燃焼がゆっくりになりました。

1024人を対象にしたもっと大がかりな研究では、**睡眠時間が少ないとレプチンの分泌量が減り、グレリン（空腹ホルモン）濃度が上がり、BMI値も上がりました。**睡眠時間が8時間を下回ると、「BMIの増加と睡眠時間の減少が反比例の関係になった」と報告されています。

これらの研究による発見を裏づけるような経験は、あなたもしているのではないでしょうか？　睡眠不足の日にはいつもよりたくさん食べる傾向があると気づいていましたか？　私にはその傾向があります。何日か睡眠不足の状態が続くと、私の胃は底なし沼のように食べ物を欲しがりました。

変化を持続させるための鍵が、失敗より成功を簡単にすることであれば、十分な睡眠をとらないことは、減量のための大きな妨げになります。十分な睡眠とは、7~9時間ということで専門家の意見が一致しています。それだけの睡眠をとらないと、あなたの体は減量に不利な状況になるということです。

## ◎ストレスとコルチゾール

**コルチゾールはストレスを感じたときに放出されるホルモンです。コルチゾールが多くなりすぎると、体はおなかのあたりに脂肪を蓄え始めます。**それは減量を望む人にとってはよくないことですから、答えはストレスをうまく解消することです。言うだけなら簡単、と思うかもしれませんが、実際に行動に移すのもあなたが考えるより簡単です。生活のなかで積極的にストレスを解消しようと思えば成功するでしょうが、計画的にストレス解消をしている人はほとんどいません。**私のお気に入りのリラックス法は、瞑想、マッサージ、バスケットボールをすること、そして、感覚遮断タンク**（＊訳注……人間が入れる大きさのカプセルで、五感の情報を遮ることで、瞑想状態やリラクゼーション効果を体験できる）**を使うことです。**

## 小さな習慣のおまけ効果とは

小さな習慣は以上のような3つの隠れた減量要素すべてを改善します。

まず、**小さな習慣は楽しめます。あなたがこれまで試してきたどの減量プランよりも楽しめると思います。**この計画では、食べてはいけないものはありません。小さな習慣はポジティブな見方を取り入れ、毎日の成功を繰り返すもので、行動が簡単なわりには大きすぎるほどの成果をもたらします。ダイエットと比べ、小さな習慣はテーマパークのように楽しめます。

**小さな習慣は運動の仕方と食習慣を同時に変えることで、燃えつき感に圧倒されることもありません。**生活を変えるためのこれまでの方法は、このような相乗効果のあるふたつの変化を同時に起こすことでさえ、持続するのを極端にむずかしくしていました。小さな習慣ならいくつかの習慣を同時に進めることができるので、その両方で同時に成果をあげることができます。

最後に、**小さな習慣はストレスを解消することもできます。たとえ自分に与える課題が小さなものであっても、目に見える結果を出すことで気分がよくなり、リラックスできます。それが睡眠習慣の改善にもつながります。**

第2部

# 減量のための計画づくり

第5章

# 小さな習慣をどう取り入れていくか

「変化が価値あるものであるためには、持続的で一貫していなければならない」

——トニー・ロビンズ

## 減量計画のルールとは

第2部へようこそ。いよいよ私のお気に入りのパートです。第1部では減量を成功させるための重要なポイントについてお話ししました。第2部では**第1部で学んだことをもとに実際の計画づくり**に入ります。**最初の第5～7章は全体的な計画、食事法、そして運動について**です。

それに続く章では、**あなたがこれから取り組む減量プランの概略**を説明します。つまり、減量というものの全体像を理解していただきたいと思います。

**食についての章がそれに続き、食べ物をどう考えるべきか**を学びます。「ジャンクフードは禁止すべきなのか？」「どうしたら食べるのをストップするタイミングがわかるのか？」「野菜が嫌いなときにはどうしたらいいのだろう？」などの疑問に答えていきます。

そのあとで**運動**についても取り上げ、「減量に最適な運動プランとは？」「どれくらい運動すればいいのか？」「家のなかで子どもたちを追いかけ回すのも運動に入るのか？」などの疑問について考えます。

## 小さな習慣をどう取り入れていくか

減量はライフスタイル全体と関係するものですから、毎日の小さな習慣として何を選ぶかだけでは足りません。計画づくりにはふたつの要素が含まれます。何を目標にするのか、そして、どう実行するかです。心の持ち方も目標を達成できるかどうかに影響します。そのため、重要な心理的要素にも目を向け、食べ物と運動についての章を締めくくる前に、小さな習慣を使うプランが心理面でもどれほど有利になるかを説明します。

小さな習慣を取り入れることで、あなたの考え方は少しずつ変わっていくでしょう。小さな習慣を正しく理解するほど、成功率は高まるはずです。

**運動と健康的な食事を習慣として取り入れるのは簡単な道のりではありません。**運動は体のほぼすべての機能を向上させます。インスリンの働きがよくなって細胞を活性化し、血流を増やして栄養分をうまく全身に送り、ホルモンレベルも最適にします。そう、いいことばかりです。本物の食べ物に含まれる微量栄養素が、その相乗効果によって臓器の機能を改善し、炎症を和らげます。

厳しい道のりを選べば、健康的な生活という「具体的な恵み」を得られるだけでなく、自分を鍛えることにもなります。もし毎日山登りをするとしたら、階段を上がることなど簡単でしょう。反対に、ほとんど座ってばかりで、移動には車を使う生活をしていると、階段を上がることも一苦労かもしれません。つまり、厳しい道のりを選ぶことが私たちのためになるのは、ほかのすべてのことが楽にできるようになるからです。人間は賢い生き物で、自分でもそれがわかっています。ところが、多くの人は自分の意志の力には限りがあることも、楽な道ばかり選んでしまいがちなことも忘れています。あとで大きなご褒美がもらえる、もっと厳しい道を選ぼうと思っていても、楽なほうの道を進む誘惑にしばしば負けてしまうのです。

あなたが目にするほかの本はどれも、歯を食いしばって「とにかくやる」ように教えます。「もっとやりたいと思わなければ成功しない」と決めつける、ひどいものさえあります。基本的に、これらの本は目標のためならすべてを犠牲にするようにあなたに教えます。厳しい道を選ぶために必要なことは何でもして、野菜を食べ、ジムに通うように促すのです。もし失敗すれば、それはすべてあなたの責任です。なんてばかばかしいのでしょう。賢い計画は、楽な道を選びたいという私たちの気持ちと、「選ぶ」という私たちの特別な力をうまく結びつけます。

**厳しい道のりを選ぶ必要があるのに、どうしても楽な道を選びたくなるのであれば、厳しい道を楽ちんにして、楽な道を通るのを逆にむずかしくすればいいのです。**わかりますか？そこで頼もしい方法として登場するのが、**小さな習慣**です。**小さな習慣は人生のもっともむずかしい（価値ある）道のりを楽に進めるようにする方法**です。

## とらえ方しだいで、むずかしさの感じ方は変わる

エアロバイクを30分間こぐような中強度の運動を続けるには、一定の努力が必要です。運動自体を変えることはできませんが、計画しだいでエアロバイクに乗ることへの抵抗を少な

くすることはできます。そうすれば、この運動に対する見方が変わるかもしれません。そして、見方が変われば、実際にエアロバイクをこぐときに感じるむずかしさも変わります。

たとえば、能力にほとんど差がないジムとサムの2人が同じことに挑戦するとしましょう。2人の能力と課題のむずかしさは客観的には同じです。でも、サムはこの挑戦を楽しいと思い、ジムは退屈だと思っています。どちらがこの挑戦を簡単だと感じると思いますか？　サムです。それは、彼がこの課題を楽しいと思いながらやるからです。**課題をどう感じるかが、むずかしいことを簡単にし、簡単なことをむずかしくするほどの力を持つのです。**

小さな習慣を続けると、新たな期待を生み出すことで、あなたとその行動との関係を変化させます。ブロッコリーを食べることはケーキを食べるよりむずかしいでしょう。でも、小さな習慣なら、ブロッコリーの小房をひとつだけ食べればいいので簡単です。

**厳しい道のりを進むのが簡単になれば、あなたのこれまでの不健康な生活を支え、健康的な行動を「いつの日か」実現させたい夢にとどめていた間違った思い込みを打ち消すことができます。**不健康な行動が世の中にはびこっているのは、それが簡単だからというだけでなく、社会がそれを簡単に見せているからでもあります。健康的な活動は実際には不健康な活動よりむずかしいわけではありません。むずかしいというイメージが定着してしまっているだけなのです。

ユーチューブ動画を見るときには、何も考えずに1分座っていられるのに、その代わりに1分走ることを選ばないのはなぜなのでしょう？　「たいした運動にならない」からでしょうか？　1分座るのはよくて、同じ時間だけ運動するのは十分ではないのでしょうか？　それこそが、大勢の人が1日に8時間座ったまま動かず、ほとんど運動をしない理由です。サラダを食べることは大きな決断で、ハンバーガーを食べることはごく普通の選択とみなされるのはどうしてなのでしょう？　これは逆でなければなりません。**小さな習慣は、こうした「健康のために意識して決断しなければならない特別な行動」を、「毎日のごく当たり前の行動」に変えます。**

これが小さな習慣についての基本的な考え方です。簡単で、必ずできる行動を毎日続け、それをあなたの生活の重要な部分にかかわる習慣にするのです。私たちが今回目指しているのは減量です。減量を成功させるには、習慣化されない選択もたくさん必要になります。本書ではそうした健康的な選択を、簡単で気軽に選べるものに変える方法も学びます。

## 第1の目標は減量ではなく、「行動の変化」

体重を減らしたいのなら、自分の姿がどう見えるかも体重計の数字も気にするべきではありません。もちろん、計画どおりに進んでいるかどうかを客観的に評価するためには大切ですが、「成功」の目安にするのは間違いです。なぜなら、外見や数字はあなたが変えようと努力している第1のものではないからです。これは、「てこ」を使って重いものを動かすのと似ているかもしれません。重いものを直接押してみることもできますが、てこの力を使えばもっと簡単に動かすことができます。

**行動の変化は減量の「てこ」と考えてください。**減量が成功したかどうかの評価は、ほかの行動を変えようとするときとまったく同じです。**減量で成功するためには、「もっと体重が少ない人」と同じ行動がとれるように自分を変える必要があります。**それに成功すれば、結果はあとからついてきます。

つまり、**たとえあなたの体重がこの減量の旅のあいだに減らなくても、行動の変化の兆しが見えるなら（サラダを食べたいと思うようになるとか、運動への抵抗が少なくなるとか、自己管理がうまくなったと思えること）、目に見える結果へと着実に進んでいるということです。行動の変化は体重の変化に勝ります。**

ランニングマシンに乗って1時間走れば、いつでも、すぐさま、みるみるうちに体重を450グラム減らせるのだとしたら、わざわざ必死に努力する人がいるでしょうか？　もちろん、いないでしょう。こんなふうに原因と結果がすぐに結びつくのであれば、たいていの人は、減らしたいと思う体重すべてを減らすため、何回か走ろうという十分すぎるほどのモチベーションを得られるでしょう。

**行動のモチベーションを得るには目に見える結果が必要だと考える人は、完全に間違った方向に進んでいます。**この考え方こそが、短期の減量のために厳しい食事制限をするダイエット法が存在する理由です。1週間で4・5キロ減れば、さらに減量を続けようというモチベーションが高まるとされています。それ自体は悪い考えではないと思います。結果が出れば実際にモチベーションが高まるでしょう。モチベーションを得るのはよいことです。ただし、この減量法を長く続けることは絶対にできません。やがては減った分の体重のいくらか、あるいはすべてを取り戻すことになり、そうなったときにはモチベーションも失われ、始めたときよりひどい状態になるでしょう。同じ行動を続けることで習慣になり、それが結果につながって、さらに続けていくモチベーションが生まれます。結果が得られるのは最初ではなく、プロセスの最後です。続けているかぎり、結果はついてきます。だからこそ、私たちはプロセスをマスターすべきなのです。それさえできれば継続的な結果へとつながります。

## コントロールするのはあなた自身

ダイエット業界の大御所があなたに、もし体重を減らしたいなら、指示されたとおりのダイエット法に従わなければならないと教えます。その方法にどんな長所があるにせよ、自分の意思で決める力を奪われたあなたは、やがて反乱を起こすことになります。

**小さな習慣なら、あなたは自分で戦術を決めることができます。**この本はあなたが成功するために必要な情報、素材、アイデアを与えますが、実行の仕方や具体的なプランは完全にあなたしだいです。あなたにはたくさんの選択肢があり、どれを選ぶにしても、すべての権限はあなたにあります。あなたは簡単な選択を「てこ」にして、時間をかけて習慣にしていき（勝利への鍵）、目に見える結果を手にします（モチベーションを高めるための鍵）。私が好んで使うプランやおすすめのプランを教えますが、あなたの性格、あなたの置かれた状況をいちばんよくわかっているのはあなた自身ですから、最終的なプランを決めるのはあなたです。誰かに指図される必要はありません。

自分で決める力を手放してしまうと、体重を減らすことも、維持することもできません。**小さな習慣なら、最初から自分がコントロールできるので、自分で決める力をあとから取り戻さなくてすみます。自分の意思で進んでいるという実感を失うことはありません。**

ある研究で、**減量プログラムから脱落するかどうかのもっとも信頼できる予測因子は、BMI値の減少を期待しすぎることだとわかりました。**減らしたい体重が多くなるほど、目標を達成することなく終わる可能性が高まります。

心と体は一人ひとり異なります。そのため、減量のスピードも人によってさまざまです。たいていの減量本は、その方法を使うとどれだけすばやく体重を減らせるかを売り込み、人々の必死さにつけこんで、これで「ようやく体重が減らせる」と思わせます。どんな方法でも、変化を持続させることを考えに入れていなければ、必ず最後にはスタート地点に逆戻りです。本を買うために支払ったお金も、本当の変化を起こすために使えたはずの時間も無駄になってしまいます。

## 重要なこと——実行プランは最終目標と同じではない

これは覚えておきたいもっとも重要なコンセプトのひとつです。そして、減量だけではなく、あなたが追い求めるすべての目標に当てはまります。何かの目標を立てるとき、多くの人が最終目標とそのために用いる実行プランを混同しています。たとえば、炭酸飲料を飲むのをやめようとしている人は、「炭酸飲料を飲まないこと」をそのための方法にしてしまいがちです。それがベストの方法だと思うのは、いちばんわかりやすく、目に見える方法だからですが、方法はほかにもあります！

私の経験では、ベストの方法が、もっともわかりやすいものであることはめったにありません。行動の変化には、直感に反するものがいくつか含まれるからです。真正面からぶつかってもうまくいかないのは、その方法が明らかにベストではないという証拠でしょう。

私が言いたいことをわかっていただくために、例として**炭酸飲料を飲まないようにするための8つのプランを紹介したいと思います。**

**1．炭酸飲料を飲まない（真正面からの抵抗）**
**2．炭酸飲料を制限し、まったく飲まなくなるまで徐々に減らしていく（徐々に離れる）**
**3．炭酸飲料を買うのをやめる（根元から絶ち切る／環境を変える。これについては実行するためのサブプランもあります）**

**4．炭酸飲料を飲むことがよくない結果につながるようにする（負の強化）**
**5．炭酸飲料の代わりに比較的楽しめる飲み物を選び、すぐに手に入るようにする（代替品）**
**6．炭酸飲料を飲むのを10分あとにする（自制心を鍛え、誘惑を弱め、欲求が消えるのを待つ）**
**7．別の道筋をつくり、そちらを選ぶとご褒美が得られるようにする（神経回路の遠回りと正の強化）**
**8．炭酸飲料を飲む前に必ずグラス1杯の水を飲むことを自分に強いる（健康によい障壁と代替品）**

勇気がみなぎってくる気がしませんか？　炭酸飲料を飲まないようにするためのアプローチが少なくとも8つもあるのですから。毎回同じ方法を試しては失敗するという落とし穴にはまることはありません。理屈の上では、8つのアプローチはどれもうまくいくはずですが、実際のところは、ほかより効果的なものもありますし、人によって効果が違うものもあります。

**最終的に成功するか失敗するかを決めるのは、あなたの思いの強さではなく、どんな計画を選ぶかですから、十分な時間をかけて考えてみるだけのことはあります。**この本でみなさんにすすめるプランはすべて私が自分で試したものですが、私のアイデアがあなたにとって完璧なプランになるとはかぎりません。

## 引き算より足し算が大切

**減量をむずかしくする大きな原因のひとつは、何かをあきらめなければならないときに誰もが襲われる感情です。**たとえば、テレビを見る時間を減らさなければならないときのような気持ちになります。大好きなジャンクフードをもう食べてはいけないときのような気持ちになります。つまらなく、味気なく、つらい気持ちです。

**ジャンクフードを完全に断ってしまう代わりに、体によいものをもっと食べることを自分に課すとしたらどうでしょう？**　体によいものを食べる機会が増えると、だんだん抵抗がなくなっていきます。問題は、私たちが体によくないものを食べてしまうことではありません。食べるように訓練されているということです。私も時々は体によくないものを食べることはありますが、食べたいという欲求はそれほど強くありません。体によいものを食べる練習をさんざんしたので、今ではそちらのほうを好むようになったからです。以前はほとんど毎日ファストフードを食べていました。食べれば食べるほど、もっと欲しくなりました。

ダイエットをするのは何かを奪われることです。だからダイエットはしないほうがいいのです。**減量を成功させるには、何かをあきらめるより、もっと優れたものを新たに生活に加えていくほうが効果的です。**

## 食べ物を恐れない

ダイエットをする人たちは、食べてはいけないといわれた食べ物を「恐れ」ます。パンでも加工食品でも肉でも、誘惑に負けてそれを食べてしまうことを恐れるのです。何かを恐れるのは、それが何らかの形で自分より力を持つと認めているということです。

**恐れをモチベーションとして利用するのは効果的に思えますが、そうするとあなたは弱い立場に置かれます。**もしあなたがドーナツを恐れるなら（でも本当はドーナツが好きなら）、できるかぎり長くそれを避けようとするでしょうが、そのうち意志の力が底をつき、最後にはドーナツを食べるという選択に逆戻りします。このプロセスを経験すればするほど、食べ物の誘惑には抵抗できないと感じ、ますます恐れが強くなってしまいます。

**このような恐れは、物事がうまくいかないときにはあなたの自己肯定感を傷つけます。**ですから、ドーナツを食べることを恐れないでください。その代わりに、ドーナツを食べすぎないためのもっと穏やかで計画的な方法を考えてください（これについては状況別プランの章で扱います）。感情に頼るより計画的にやめるほうがずっと簡単ですから。

## 喜びを先延ばしにする

重要なのは、あなたの考えをいつもとは逆の方向に持っていくことです。「今は炭酸飲料を飲んで、明日は水を飲もう」の代わりに、「今は水を飲んで、明日は炭酸飲料を飲もう」と考えてください。たとえ翌日になって本当に炭酸飲料を飲んだとしても、まったくかまいません。

ご褒美がもらえるという期待は、ときには実際にもらうご褒美よりも大きいかもしれません。喜びを先延ばしにすることで、報酬への期待を長く、強く感じることができます。そして、最後には自分が考えていたよりもっと健康的な行動をとっているはずです。このことは健康によい食べ物にも当てはまります。**人間は先延ばしにすることを得意とします。それを健康的な方法で行なうのが、私たちの目指すところです。**

満足を先延ばしにするときには、こう言います。「私は今すぐこれを手に入れることができる。でも、あとで楽しむことにしよう」。好きなだけ（とくに超加工食品を）食べることは、手にできる報酬を今すぐ全部つかみとって（胃のなかに詰め込んで）、満足しようとすることです。これは実のところ、喜びを最大にするには優れた方法ではありません。「限界効用逓減の法則」と呼ばれるもののためです。

私が最初に「限界効用逓減の法則」について学んだのは、大学の経済学の授業でのことです。教授は簡単な例を使って、とてもわかりやすく説明してくれました。「1枚目のピザは2枚目よりも満足度が大きい。2枚目のピザは5枚目よりも満足度が大きい」。あなたもこの現象についてはきっと経験したことがあるでしょう。食べることにかぎらず、日常生活のすべてに当てはまる法則です。あなたが本当に食べ物で得られる報酬を最大にしたいなら、どれくらい食べると満腹になるか、その限界を押し広げないほうがいいでしょう。満腹になってからさらに食べると、得られる報酬は食べ物の味だけになります。満腹状態をすぎてから食べ物を消化するのは、楽しくもなければ、もしかしたらつらいだけかもしれません。

あなたにお願いしたいことがあります。**減量のためにつらい思いをするのではなく、賢く食べて、食べ物を楽しめる方法を探してください。**

人は報酬を必要とし、どんな手を使ってでもそれを得ようとします。成功を長続きさせるには、結果として減量につながるような、報酬が得られるライフスタイルを目指さなければなりません。満足を先延ばしすることが得意になれば、どんどん正しい決断ができるようになり、それだけで報酬を得ている気持ちになります。そして、あとになってから、先延ばしにした喜びがさらなる満足と、もっと健康でもっと魅力的な体型という形でやってきます。

## 過去の体重のことは、忘れてください

**減量をむずかしくしている厄介なことのひとつは、過去の体重です。もしあなたがしばらく太りすぎの状態だったのなら、自分のライフスタイルや体重を恥ずかしく感じているかもしれません。その重荷を下ろしてください。**

あなたはここから先、いくらでも今までとは異なるスタイルで生きていくことができます。ですから、過去を引きずるのは単に時間の無駄というだけでなく、前へ進む障害になってし

まいます。

## 健康的なライフスタイルはとても楽しいもの

減量しようとしているときに、多くの人がおかす大きな間違いのひとつは、自分がしている行動をどうとらえるかです。

**あなたは罰を受けているのではありません。減量のために何かを「犠牲にする」ことはありません。**

罰を受けている、何かを犠牲にするというのは、負けにつながるものの見方です。一流のアスリートは何をしますか？　トレーニングです。一流のライターは何をしますか？　書くことです。成功している人たちは今の地位を築くために何をしてきましたか？　成功するまで自分の仕事に必要なスキルを磨きました。

今の体重が気に入らないけれど、今のライフスタイルは気に入っているのなら、あなたには選択肢があります。**ライフスタイルこそが、あなたの体重だからです。**ライフスタイルと体重はぴったりと寄り添っています。永久に結びつき、離れません。それでも、ライフスタイルはオール・オア・ナッシングではありません。あなたが食生活全般を改善して、活動的な生活に変えてきたからといって、もうチョコレートトリュフを食べられないとか、つき合いでお酒を飲めないとか、テレビの連続ドラマを一気に見ることができないわけではありません。これらをすべて「減量のために禁止」するように言う人たちは、多くの点で間違っています。

**健康的なライフスタイルはとても楽しいものです。**健康や体重のことだけを言っているのではありません。栄養を十分にとると、睡眠の質がよくなります。それが欲求を薄れさせ、よりよい食習慣につながります。このすべてがより多くのエネルギーを生み出し、よりアクティブなライフスタイルにつながり、体と心の働きも改善され、自信と成功の可能性が増すのです。

アスリートの食事と訓練プログラムはとても厳しいものですが、彼らの多くはその一瞬一瞬を楽しんでいます。ジム通いの中毒になる人もいれば、サラダが食べたくて仕方がなくなる人もいます。これは誰にでもありえることです。ほとんどの人が知らないだけなのです。ルールではなく境界線を、隷属ではなく自分の意思を、そして「できない」ではなく「しない」を選びましょう。

ところで、減量を始めようとする人が最初に考えることは何だと思いますか？

それは、もうジャンクフードを食べてはいけない、もっと野菜を食べなければいけない、ということです。

この考えは一見すると正しく、どこにも問題がないように思えますが、減量についての考え方としてはひどいものです。まず、「できない」「しなければならない」という言葉からして、自分の意思を失っていることがわかります。これらは自分に選択肢がないときによく使うフレーズですよね？　たとえば、私たちが子どものころ、親から友だちの家に泊まってはいけないと言われたときに使っていたフレーズです。

「ごめん、ジェームズ。ママが泊まっちゃだめだって言うんだ」

これは小さいころのかわいそうな私が、実際に使った言葉です。

対照的に、たばこを吸わない大人が、たばこを1本差し出されたときには何と言うでしょう？

「いいえ、結構です。私は吸いませんから」

子どもは自分の状況をコントロールできませんが、大人にはできます。

「できない」は、行動を変化させようと決断する人よりも、権威をふりかざしたい人に似合う言葉です。先ほどの子どもの例でいえば、彼は友だちの家に泊まりたいのに、それができません。親がだめだと言うからです。大人がダイエットでこの「できない作戦」を試すときには、本当はまだ自分が意思決定者で、ルールを破るのは簡単だとわかっています。

科学的な裏づけもあります。研究者のヴァネッサ・パトリックとヘンリック・ハグトヴェットは120人の学生を集め、どのくらい健康的な食生活を望んでいるかをたずねました（1から9までの段階評価）。学生たちは、健康によくないスナックを食べたいという誘惑と戦うために、「私はXを食べない」という言葉を使うように指示されるグループと、「私はXを食べてはいけない」という言葉を使うように指示されるグループに分けられました。

それが終わると、食生活とは無関係に思える調査に移りました。質問票を提出したあとで、学生たちはチョコレートバーか「健康的な」グラノーラバーを渡されます。グラノーラバーは果物のかけらが入っていることで、健康的なスナックという分類にふさわしいとされたようですが、ともかく、調査結果は非常に興味深いものでした。

「私はしない」のグループでは、64パーセントがグラノーラバーを選びました。「私はできない」のグループでグラノーラバーを選んだのは39パーセントだけでした。

**「しない」のほうが「できない」よりずっと効果があった理由は、自分の行動をコントロールしようとするうわべだけの試みではなく、自己意識（アイデンティティ）に基づいたものだからです。**研究者はこう説明しています。「『しない』という言葉は安定してゆるぎない姿勢を示し、自己意識（「これが私という人間だ」）を呼び起こすため、目標が自分の内面や自己に関すること（私はファストフードを食べない）の場合にいっそう効果がある」

この説明からわかるのは、自己意識に基づいた決定は、あなたの内面にある長期的な目標に力を与えるということです。もちろん、減量に関する目標も含まれます。「できない」のルールを基礎にしたものは、あなたを弱い立場に置き、反抗心を刺激します。

あなたがケーキを食べないと決めたのに、誰かが無理にすすめてきたり、なぜ食べようとしないのか聞いてきたりしたときには、「ダイエット中だから」とは答えないようにしてください。「食べてはいけないから」「ケーキはいっさい食べられない」とは言わないでください。そう言ってしまうと、何かを奪われたように見えますし、そう感じてしまいます。その代わりに、「ケーキは欲しくない」と言いましょう。そうすれば、あなたは力強く見えますし、自分でもそう感じます。違いがわかりましたか？

これは本当に驚くことかもしれませんが、**欲しくないからという理由で健康によくない食べ物を断るのはまったく問題ありません。**「体重を気にしているから」という理由よりよほど優れています。

けれど、社会は私たちに加工食品の魅力に屈するように、強力なプレッシャーをかけてきます。でも、使われている材料や体への影響を考えると、それほど魅力的な食べ物ではありません。あなたはまだ加工食品をそのようには見られないかもしれませんが、小さな習慣を使って本物の食べ物を楽しめるように訓練を積んでいけば、好みが変わってくるはずです。質のよくないものを食べる人は、健康的な食生活でどれほどすばらしい気分になれるかに気づいていません。

とは言え、これはあなたがもう二度とフライドポテトを食べられないという意味ではありません。私は友人が訪ねてきたときに、軽食としてニンジンをすすめ、デザートに生の果物をすすめる変わり者です。それでも、フライドポテト、ハンバーガー、ワイン、ビール、ピザを口にすることはあります。めったにないことですが、炭酸飲料を飲むことだってあります。炭酸飲料が人間の体に与える悪影響をこれほど憎らしく思っているにもかかわらずです。人工甘味料とトランス脂肪をのぞき、私が絶対に口にしないというものはありません。私には、食べられるもの、食べられないもののルールはありません。健康によくないものはあまり食べませんが、それは、自分はこういう人間でいたいという自己意識を変えたからです。あなたにも同じことができるはずです。

## 流行に惑わされず、健康的な食べ物に集中する

あなたはなぜ自分がブロッコリーではなくポテトチップスを食べてしまうのか考えたことはありますか？　ポテトチップスのほうがおいしく、たくさん食べられるから、でしょうか。それはある程度は正しいのですが、もうひとつ、もっと危険な理由があります。

人が健康によい食べ物をあまりたくさん食べないのは、気持ちの問題です。ポテトチップスは太りやすい食べ物だと思われています。高炭水化物、高脂肪、高カロリーで、すぐには満腹にならないからです。つまり、ポテトチップスを食べ始めた人は、それを「よくない選択」として見ています。ポテトチップスを食べすぎることは、減量する上でのふたつの間違いが重なることといえるでしょう。体重が増えやすいものを食べることと、それを食べすぎることです。ところが、私たちは世の中の流れに従おうとしがちなので、たとえあとで失望することになっても、「ダメな行動のラベル」にふさわしい行動をとることは、そのときには満足感を与えます。誰でもおそらく「私は間違いをおかした。だから今回は最後まで間違ったままでいよう」と思ったことがあるはずです。

ブロッコリーを食べるときには、体によいことをしている、と考えるので、それを食べすぎるとせっかくの正しい決定に「反する」ように思えます。せっかく「よい」ことをしているのですから、食べすぎることで「よい行ない」を帳消しにしたくはないと考えるわけです。でも、健康によい食べ物はもともと食べすぎることはほぼ不可能ですし、わざと食べる量を

減らすのは賢くありません。もし今、あなたがブロッコリーを食べる量を意識して制限すれば、あとから何か別のものを食べてしまいます。もっとも、これは決してブロッコリーを大量に食べなければいけないという意味ではありません。ただ、**健康的な食べ物を選んでいるかぎり、食べすぎを恐れる必要はない**のだと覚えておいてください。

本物の食べ物が超加工食品を食べる前に満腹感を与える理由のひとつは、専門用語で**「感覚特異的満腹感」**と呼ばれるもののためです。これは、ある食べ物を一定量食べると、それをもっと食べたいという欲求が薄れることを意味します。私の場合はチョコレートファッジが、かなり早い段階でこの感覚特異的満腹感を引き出します。とてもおいしいのですが、味が強すぎて「攻撃的」なので、たくさんは食べられません。

食品科学者はこの現象のことをよく知っており、それを避けて通る方法を見つけました。その食べ物または飲み物に何か別のフレーバーが加わると、もっと食べたり飲んだりできるようになります。ソフトドリンクのフレーバーはおいしく感じるように調合されていますが、感覚特異的満腹感を刺激しないように、風味をあまり強くせず、もっと飲みたいと思うようにつくられています。これは本当です。

**健康によい食べ物が目の前にあるときには、好きなだけそれを食べてください。**健康によい食べ物という選択をして、それをたくさん食べるというのは奇妙に感じることでしょう。でも、果物と野菜に関しては、食べすぎが問題になることはめったにありません。10万人以上が参加した24年にわたる前述の研究で、もっとも大幅な減量と結びついたのは、一食当たりの果物の量でした。**果物を増やすと、さらなる減量につながった**ということです。

私はシナモンをまぶした冷凍フルーツ（たいていはマンゴーとブルーベリー）をよく食べますが、たいていは、おなかいっぱいになるまで食べてもせいぜい200～300キロカロリーです。

## 減量を目指すのではなく、これ以上体重を増やさないことを目指す

肥満の黒人女性に関する研究で、彼女たちは**減量ではなく今の体重を維持することを目指すときのほうが、減量に成功している**ことがわかりました。「体重を減らす」ことを目指すと、実際よりもっと努力しなければならないと考えてしまいます。計画より「遅れて」いると思わせ、本当は遅れてなどいないのに、もっと努力が必要だというプレッシャーを感じます。それが「足りない状態」が正しいという考えにつながり、食べる量を減らさなければ、と思わせます。これはどちらも体重増加につながる考え方です。**体重を今より増やさないことを目標にするほうが、何を食べるかと、食べすぎないことに集中させてくれます。**

## 減量したいなら次のような考えは捨ててしまってください

わざわざ体重を増やすためにあるかのような考え方もあります。その考え方が行動に影響

を与えるものだからです。減量したいなら次のような考えは捨ててしまってください。

## ❶この食べ物は信頼できる。

世の中の人は食品業界を信頼しすぎています。覚えておいてください。あなたに食べ物を売る人たちは、商売をしているのです。あなたの健康は、彼らが関心を持つもののリストの上位からは、はるか遠いところにあります。そのリストには「ダイエット」商品も含まれます。**完璧な「ダイエット商品」は、あなたに効果があると思わせて、実際にはそうではない商品**です。

何かに「ダイエット」のラベルがついているときには、たいてい人工甘味料が含まれています。アメリカのサンアントニオで9年かけて行なわれた調査のデータを検証した研究者たちによれば、**人工甘味料入り飲料（ASB）を週に21本飲んだ人は、太りすぎか肥満になる確率が2倍近く高くなりました。**ASBを飲む人は、飲まない人と比べ、47パーセントも多く体重が増えました。人工甘味料入りの飲料は砂糖入りの飲料よりも体重増加につながる可能性がある、という結果が出た別の研究もあります。

## ❷この食事だけは小さな例外だ。

**特別な機会や例外は、持続にとっての敵**です。つまり減量の敵ということです。小さな行動の積み重ねが大きな変化を生む複利の効果についての話を覚えていますか？　これは小さな例外にも当てはまります。「今回だけ」という無害に思える例外づくりが、依存を引き起こしたりやめられなくしたりして、生活を滅ぼしてきました。よい方向にでも悪い方向にでも、生活をほんの少し動かすことが、複利の力で何倍にもなるのです。ニンジンを1本食べることがどれほど役立つかをばかにしてはいけません。「今回だけ」の例外がどれだけのダメージをもたらすかも忘れないでください。

## ❸大勢の人がしていることだから大丈夫。

**なぜ多くの人が体重管理で苦労しているのでしょう。その大きな理由のひとつは、つき合いで食べる機会が多いから**です。その状況は次のような2つの側面から私たちを悩ませます。

・周囲の人に合わせたい
・誰かの機嫌を損ないたくない

あなたが数人の仲間と夕食を食べているところだとしましょう。みんなでチーズケーキをひとつ注文しました。この状況で、あなたは本心ではチーズケーキを食べたくありません。人工の成分が含まれ、過度に加工されていて、食べるだけの価値があるほどおいしいわけではないとわかっているからです。もしあなたひとりでいるなら、食べないのは簡単です。でも、ほかのみんなが一口食べるように促してきます。みんなはおいしそうに食べています。

みんなそこそこ健康そうですし、楽しんでいるように見えます。そこであなたはこう思います。まあ、一口ぐらいなら食べてもいいだろう。

今回ほんの一口だけ食べるチーズケーキは、それだけならたいして害になるわけではありません。問題は、あなたが自分以外の何かの力に影響されて決断してしまったということです。チーズケーキでもほかのものでも、**何かを食べるときには、つねにあなた自身が決断し、ノーと言うことを恐れないでください。**

**どんなときにも礼儀正しく振る舞うよりも、自分の価値観に従うことのほうが重要**です。自分の価値観を守るためなら、多少無礼になってもかまいません。この考えに反対する人もいるでしょう。人づき合いはマナーがすべてだと信じているからです。しかし、あなたがみんなと一緒にチョコレートを食べなかったり、お酒を飲まなかったりすることに誰かが腹を立てたとしたら、あなたの気持ちと価値観を尊重してくれないその相手に、あなたのほうが腹を立てるべきなのです。本当の友だちなら、もっとよい人間になろうとしているあなたの努力を応援してくれるはずです。あなたがみんなと一緒に食べないのを見て怒るような人は、友だちではありません。ノーと言えることが大切です。

アメリカでは、食事のたびに炭酸飲料を飲むのは「普通」のことです。人口の70パーセントが太りすぎの国で、健康的な体重を維持するためには、ほかの多くの人とは別の道を選ばなければなりません。私たちは一緒に過ごす人から影響を受けます。貴重なアドバイスを得られることもあると思います。もし見つけられるのであれば、健康的なライフスタイルを送っている人を見つけて、一緒に過ごしてください。

せっかく自分にぴったりのプランが見つかっても、周囲にいるのが不健康な習慣を持ち、不健康なものばかり食べている人ばかりであれば、あなたが生活を変えるのはものすごく大変になるでしょう。環境は、私たちの生活に大きな影響を与える力のひとつです。

## ❹今ダンスを30秒したところで減量の助けにはならない。

運動は大切です。長期的には減量の助けになります。でも、30分ずっと集中してやる必要はありません。運動をごく当たり前にできる活動にしてください。スナックをひとつかみ取るのと同じ感覚で、数秒でもダンスすれば十分です。あるいは、電子レンジで何か温めているあいだに1回（でも数回でも）腕立て伏せをするのでもいいでしょう。簡単に始められるようにしておくと、何度もこなせるようになります。今すぐ立ち上がって10秒動き回ってください。ほんの10秒です。ただ立ち上がって伸びをするのでも、10秒歩き回るのでもかまいません。これができるなら、小さな習慣でも成功できます。終わったら、次へ進みましょう。

まだ終わっていなくて、10秒の運動をすることに抵抗があるのなら、なぜそう感じるのか、自分の心を探ってみてください。きっと、それをしたところで十分ではないとか、何の見返りもないのならやっても仕方がないとか、別の場所にいればできるのにとか、なんとなくやりたくないと思ったから、といったところでしょう。そう感じるのは、あなたがそうした小さな行動をするのに慣れておらず、どんな見返りがあるかがわかっていないからです。何かなじみのないことに出合うと、あなたの潜在意識はこうした「ごまかし」の言い訳を次々と送り出してきます。今回だけ、実験だと思ってやってみてください。ほんの10秒です。終わったら、その経験をやる前に思っていたことと比べてみてください。

心拍数や注意力がほんの少し上がるのを感じましたか？　それはよいことです。このほんの小さな動きでも、10秒座ったままでいるより優れています。もちろん、10秒より長く続けてもかまいません。きっと、何度か試すうちにもっと長くやり続けることが多くなると思います。このようなちょっとしたポジティブな行動を毎回とれるようになれば、先のステップへ進んだときの抵抗を減らすことができます。

## ❺食べる量を減らさなければならない。

こう考えるのは賢いように思えますが、食べる量が少ないと、物足りなさから本能的な欲求を刺激します。少ししかないものはたまらなく魅力的に思えます。あなたの生活がどれだけ食べるかを中心に回っているときには、あなたは食べるという行為の主人ではなく奴隷になっています。おそらく最後には、食べすぎる結果になってしまうでしょう。

減量するには、満ち足りた気持ちでいなければなりません。こう考えてください。私には食べ物がたくさんある。これだけの食べ物があれば満足できる。もう十分食べたし、次の食事もすぐにやってくる。このように考えることで、ベルトをゆるめなければならないほどおなかいっぱいになるまで食べるのではなく、適度な満腹感を得たところでストップできます。

食べすぎてしまうのは、食べ物が少ししかなくて貴重だと思ってしまうからです。

## 恥の意識は解決策ではなく障害

恥は罪悪感とは違います。恥は内面的なもの、罪悪感は外に向けたものです。ジョゼフ・バーゴ博士はこう言っています。「罪悪感と恥は、ときには手と手をとり合う。同じ行動が恥と罪悪感の両方の感情を引き起こすかもしれない。恥は自分についてどう感じるかの表れであるのに対し、罪悪感は自分の行動が誰かを傷つけたことをうしろめたく感じる気持ちの表れだ。恥は、『悪いことをした』自分に失望する感情である」

**何かをして恥ずかしく感じるときには、同じことをまた繰り返す可能性が高くなります。恥のサイクルはしつこくつきまといます。**恥は自我を弱めるからです。弱っているときには、あとになってから恥ずかしく感じるような決断をしやすくなります。

私はビデオゲームをしている自分が恥ずかしくなり、そのわだかまりが残ってしまうと、自分をクズ人間のように感じてしまいます。すると、その感情を忘れられるようにもっと楽しい気分になることをしたくなります。そう、ビデオゲームをすることのような。つまり、ビデオゲームで遊びすぎて恥ずかしい気持ちになると、もっとビデオゲームをしたくなるということです。

**恥は一種の感情的な痛み**です。そして、どんな痛みもその目的は、原因となった行動をやめさせることです。ところが、恥がその意図どおりに働くことはめったにありません。恥を感じることで私たちは弱い状態になるからです。弱くなればなるほど、感じる痛みは強くなります。それが手に負えないところまでいくと、そもそも最初にその恥の感情を引き起こした、よい気分になれて注意をそらせる行動を繰り返します。恥のサイクルの始まりです。したがって、恥ずかしい行動を止めるために、恥の意識を役立てることはできません。

**恥は私たちを弱らせ、周囲の環境に影響されやすくします。そのため、自分で選ぶことをやめてしまい、誰か（あるいはダイエット）に操られることを自ら望んでしまうかもしれません。**この状況は減量にはまったく役に立ちません。減量はその人の内面の力と選択によって達成されます。何かを食べる前、食べている最中、あるいは食べたあとに恥の感情を自分に押しつければ、自信と自尊心を傷つけるだけです。そのすべてが、太りやすい食べ物よりずっと、減量という目的を妨げます。恥はさらなる恥を引き起こす行動を避けようとするモチベーションを与えます。それは理論上では役立つはずなのですが、自尊心を傷つけるもっと大きな原因になります。つまりそれが、正しく見えて、実は間違った働き方をする理由なのです。

私たちはできるかぎり恥の感情を和らげるようにしなければなりません。これから紹介する方法はそれを念頭に置いて考えられています。

## 心理学における自主性とは、自由意志に従って選択すること

楽しいから運動する人と、「15日で7キロ減量ブートキャンプ」の一部だから運動している人の違いは何だと思いますか？　自主性です。

**心理学における自主性とは、自由意志に従って選択すること**と定義されます。自主性を持つことは自己改善と目標設定に重要なのですが、これまでは見落とされてきました。なぜ自主性が重要なのか、その理由はシンプルそのもので、誰でも自分のショーは自分で演出したいと思い、実際にそうしているからです。ところが、特定の結果が得られるという約束と引き換えに、この感覚を手放してしまうことがあります。

減量のためには疲れ果てるまで運動し、食べる量を減らさなければならないと言われたとき、あなたに何が起こるでしょう？　あなたは自由意志で行動している感覚を失いますが、実際の自主性は失っていません。やがては運動をやめて、前と同じように食べることになります。

しばらくのあいだ、言われたとおりに行動するために自由意志を抑えつけていても、やがてコントロールを取り戻そうとします。これは計算違いのことではありませんか？　私たちは過酷なエクササイズやダイエットプログラムに取り組み、望む結果が出るまで愚痴を言わずにがんばることはできますが、どこかの時点で、手放したかのように見せかけていたコントロールを取り戻します。

これは、ほかのどこかで読んだアイデアに従うときだけの話でもありません。あなたは自分自身が設定した目標からも、自由意志による行動の感覚を失うことがあります。たとえば、ジェーンという女性が新年の誓いとして、毎日2時間運動することで45キロの減量をすると決めたとしましょう。10日後、ジェーンは少し休みたくなります。ひざが痛くて、ほとんど動くことができません。彼女は6杯目のシャンパンを飲んだあとで、自分で掲げた減量宣言にコントロールされているように感じます。そこで、減量計画そのものをすっぱりやめることにしました。その時点で彼女は何を感じるでしょう？　安心感です。自由です。失望と失敗のあとで、なぜほっとすると思いますか？　それは、彼女が自分の意志で行動しているという感覚を取り戻したからです。

ダイエットを途中であきらめる人は、いわれのない非難を受けることになります。誰かがこう言います。「計画にしがみつかなきゃだめじゃないか」。彼らは、太りすぎで自由でいるより、やせてみじめなほうがいいと暗に言っているのです。それでも、私たちはダイエット計画にしがみついたりはしません。なぜなら、私たちにとって自由はほかの何より大切なものだからです。

## ふたつのレベルの自主性

**目標を達成するための優れた方法は、自由意志で行動している感覚を守るだけでなく、そ**

**れを高めもします。**この仕組みは少しばかり複雑です。というのも、自主性はふたつのレベル、つまり意識レベルと潜在意識レベルに存在するからです。自主性の反対の状態は隷属ですが、それがふたつの意識レベルでどう見えるかを教えましょう。

**意識レベルの隷属の例**――あなたは体重を減らしたいと思い、ケーキを食べるのをやめることにします。でも、ケーキがあるのを見て、それを食べてしまいます。あなたの意識的な欲求（体重を減らす、ケーキを食べない）は、あなたの潜在意識の欲求（ケーキを食べる）にコントロールされていました。あなたはケーキの奴隷になったような気分になります。

**潜在意識レベルの隷属の例**――あなたは体重を減らしたいと思い、ケーキを食べるのをやめることにします。そして、ケーキがあるのを見たときに、その誘惑を払いのけます。今度は、あなたの潜在意識の欲求（ケーキを食べる）は、意識レベルの欲求（体重を減らす、ケーキを食べない）にコントロールされています。あなたはケーキが食べたいので、物足りなさを感じます。

どちらも負けの状況のように見えますよね？　ケーキを食べても食べなくても、あなたの一部はコントロールされていると感じます。減量を試みたことがある人なら誰でも、この苦しい状況を経験したことがあるはずです。ダイエットをすることは、望む結果を得るために一時的に健康的な選択をすることです。モチベーションと意志の力が底をつくまでは、減量

（意識的な欲求）のために、そうした生活をすることもできるでしょう。しかし、私たちの潜在意識は強力なため、長くコントロールされた状態を許しません。あなたの渇望は日増しに強くなり、抵抗する力は日増しに弱くなっていきます。意識的な心は短い期間なら勝つこともありますが、長期的には潜在意識が勝利します。

この困難な状況を打ち破るただひとつの、長続きする解決策は、意識と潜在意識の両方に同じ望みを持たせることです。もし意識レベルで減量のためにケーキを避けたいと思い、潜在意識レベルのケーキを食べたいという欲求がそれほど強くなかったとしたらどうでしょう？　これで「ウィンウィン（win-win）」の状況が生まれます。どちらもケーキを望まなくなっているからです。これは習慣形成についてもぴったり当てはまります。**習慣とは、潜在意識の心に意識レベルと同じことを望ませる練習**なのです。

習慣を身につけたり古い習慣を変えたりするには、できるだけ長い時間、変化させた状況を続けなければなりません。**16年続いたケーキを食べる習慣は、10日間グリーンスムージーだけを飲んでおなかをすかせたところで、消えてなくなることはありません。**たった30日で、カウチポテトから生涯続くフィットネスマニアに変わることもありません。どれほど人気があったとしても、こうしたやり方は、あなたの潜在意識の自由意志感覚を抑えつけてしまいます。私たちがこうしたやり方を選ぶのは、意識レベルの欲求に合わせようとするからです。しかし、潜在意識の欲求を無視すると目標を危険にさらします。潜在意識と戦っても必ず負けてしまいますから。

本書が教える減量プランは、**意識レベルと潜在意識レベル両方の自由を保ち、守るように考案**されています。変化に取り組むときのプランに柔軟性があり、あなたの生活と潜在意識の欲求にうまく合わせたものであれば、少しずつ取り入れていく変化は生涯続くものになってくれます。

**大きな変化を起こすためのいちばんの作戦は、あなたの生活にうまく組み込めるものにすることです。**最悪の作戦は、結果が欲しければその計画にしがみつき、指示どおりに行動するように促します。もしあなたが何十年もなじんできた生活スタイルをひっくり返そうとしているのなら、食べ物のリストや、エクササイズ計画や、背中をたたく励ましだけでは不十分です。あなたには、潜在意識にうまく働きかけ、生活のなかに行動の変化を無理なく溶け込ませるプランが必要です。

それでは、これからいよいよ、そのプランを深く掘り下げていきます。まず食べ物についてのプランから始めましょう。

第2部

減量のための計画づくり

# 第6章

# 何を食べるか

「刺激と反応のあいだにはスペースがある。そのスペースのなかに、反応を選ぶ力が存在する。私たちの成長と自由は、反応を選ぶ私たちの力にかかっている」

――ヴィクトル・フランクル

# ジャンクフードを禁止しない

このプランを試してみたいと思う人は、**好きなものを何でも食べてください。**制限はありません。何も禁じません。カロリー計算もしません。すべて、あなたの自由です。

私たちが使うのは、**不健康な食べ物を禁じるありきたりのプランではなく、健康的な食べ物に親しむプラン**です。特定の食べ物を避けるルールに頼っていると、それにしがみつこうとする意志の力とモチベーションが、どこかの段階であなたを裏切り、そこからは自分をコントロールするのがむずかしくなっていきます。一度失敗したルールを、あなたはまたすぐに試そうとしますか？　それとも、別のプランを試そうと思いますか？　多くの人が、一度「封印を破る」と、いつもより余計に禁じられた食べ物を食べています。

**食べ物を禁じると、結果的にはその禁じられた食べ物をもっと欲しくなります。**私たちは自分が持っていないものに引き寄せられるからです。完全に禁止してしまうと、その魅力的でたまらない食べ物を避けるには、自分に食べないように強いるしかありません。これは間違ったアプローチです。質の悪い食べ物の価値を上げてしまうのですから。

**私たちが目指す本当の目標は、とにかく健康によいものを食べること**です。食べることは、その大部分がゼロサムゲームといえます。**もしあなたが一日中、健康によいものを食べているのなら、ほかのものが入り込む余地はありません。**健康的な食べ物を恐れる人もいます。そのあとで同じだけ不健康な食べ物を食べて、もっとカロリーをとってしまうと考えるからです。これは減量に与える影響という点では、真実ではありません。健康的な食べ物だって胃のなかのいくらかのスペースを占めますし、**カロリー当たりの満腹感が非常に高い**からです。

それに、不健康な食べ物を100パーセント、例外なしに断ってしまうのは、ほとんどの人にとって望ましいことではなく、長く続けることもできません。本気で言っているのか疑われるかもしれませんが、ジャンクフードを食べてもいいと完全に自分に許すほうがましです。長期的に見て、それらを食べる量が少なくなればいいのですから。

おそらく、このアプローチには疑問に思う点がいくつかあるでしょう。たとえば、「これは、ダイエットをしていなくて、健康によくないものを食べ、それも大量に食べている人とどう違うのだろう？」と思うかもしれません。

## 禁止と、考えなしに食べることの違い

食べる量を減らそうとする人はまず、それを禁止しようとします。すると、完全な自制と、その反動による大食いのサイクルにはまってしまいます。このふたつの極端な状態を行き来するのではなく、そのあいだのどこかに長くとどまれる場所を見つければ、あなたは自分の食べ方をコントロールできます。自分の体の状態を改善するために何を試みるにしても、それは完全に、文句なく、持続可能でなければなりません。欲張って無理をすると逆効果にな

ってしまいます。

『ニューヨーク・タイムズ』紙は、『ザ・ビッゲスト・ルーザー』の元参加者ダニー・カヒルについて、こう書いています。「46歳のカヒル氏は、彼の体重の問題は小学校3年生のときに始まった、と話した。少し太ったと思ったら、そこからはどんどん太っていった。しばらくおなかをすかせた状態でいると、次には缶詰のケーキ用フロスティングをスプーンですくって食べる。そのあとで、キッチンそばの食料庫のなかで縮こまり、恥ずかしさでいっぱいになっていたという」。このような恥ずかしさと欠乏状態の繰り返しは、ひどい経験というだけでなく、まったく愚かなやり方です。結局は反動で大食いし、ウエスト周りはびっくりしたフグのように膨らんでしまいます。一般に食べ物と人生に関しては、必死に抑え込もうとするほど、欲求はますます強くなります。

ケーキを断った反動で、今度は大食いしてしまうと、ダイエットをまったくしないときよりも体重が増える結果に終わります。一方で、ケーキを食べる頻度を減らすか、食べる量を減らすという方法を一貫して続ければ、好ましい大きな変化につながり、その後もどんどん食生活を改善していけます。また、しっかり意識してケーキを食べると、あとから考えたときに食べる価値はなかったと気づくこともあり、そうすれば、次には違う選択肢を選べるようになるかもしれません。いつも不健康なものを食べている人が、食べてもいいけれど、食べないことを選べるようにするのは、最初は意識しなければできない行動ですが、やがて新しい習慣に育っていきます。

**小さな習慣の大きな「副作用」のひとつは、食べ物や行動についての毎日の選択を意識して行なえるようになること**です。自分の行動を意識すると、それだけコントロールできるようになります。自分が何に刺激されやすいかもわかるはずです。そして、何をすべきかもわかるようになります。

たとえ毎日1分ジョギングをするだけでも、運動のことを以前より意識するようになります。毎日、決まった時間に水をグラスに1杯飲むだけであったとしても、その後の飲み物の選択を意識するようになります。毎朝の朝食でのたったひとつの小さな習慣が、ほかの食事についての意識を高めます。あなたの減量の旅のために、ひとつだけ変化を取り入れるとすれば、**正しい選択はマインドフルネス、つまり自分の行動への意識を増すこと**です。今まで考えもなしに選んでいた愚かな選択を、意識して選ぶ選択に変えると、ほかにも何か生活の改善につながるきっかけがないかと、つねに探す習慣が身につきます。

## 制限を設けないことが賢い選択を促す

私は、**健康によくないものを食べることに制限を設けていません。どれだけ食べてもかまわないと自分に許しています。でも、実際にそうすることを選ぶことはほとんどありません。**食生活に少しずつ取り入れてきた変化のために、今ではたいてい、未加工の自然食品の味と、その健康効果のほうを好むようになりました。

ある日、私はギリシャ料理のレストランで食事をしました。つけ合わせにフライドポテトかサラダを選ぶことができました。これは両極端の食べ物を前にして、減量のための決断をする典型的な場面です（私は体重を減らす必要はないのですが、健康でいたいという気持ちは、減量したいと思っている人の気持ちに匹敵します。ですから、同じ状況だと考えていいと思います）。そのときは、とても健康的な食事をしばらく続けていたところだったので、たまには贅沢をしようと思い、フライドポテトを注文しました。しかし、そのあとで、サラダのことが気になって仕方なくなりました。これは冗談ではなく、本当に起こった出来事です。フライドポテトを食べようと思っていたのに、結局はサラダを食べることにしました。私の生活のなかで、今ではこうしたことが頻繁に起こります（念のために言っておきますが、以前の私は甘いお菓子とファストフード中毒でした）。

これは、不健康な食生活を続けている人に起こることとはまったく反対です。そうですよね？　彼らはサラダを注文しようとしますが、フライドポテトが気になって、結局はそちらを頼んでしまいます。私のサラダの話と同じですが、習慣の違いでまったく逆の決断につながります。

**好みを変えるための習慣の力を甘く見てはいけません。**私のサラダの話は、フライドポテトを食べたいという欲求を克服し、サラダを選んだヒーローの物語ではありません。私は普通の人より怠け者で、意志の力も弱いと思っています。それは嘘ではありません。私は何も克服していませんし、ヒーローでもありません。ただサラダのほうが食べたかったというだけです。このことから、減量に成功できるかどうかは意志の力で決まるのではないとわかります。

ジャンクフードを計画的に食べ、やがてはもっと健康的な食べ物のほうを望むようになるのは可能です。**自分自身と戦うよりも、好みを変えるための習慣を身につけるほうがずっと簡単で、はるかに効果的**です。

## 責任を取り戻すための方法は、何にでも疑問を持つこと

食用着色料は食べても安全だろうか？　ソルビン酸カリウムは人体にどんな影響を与えるのだろう？　油を高温で熱すると何が起こるのだろう？　このダイエット食品は本当に私を助けてくれるのだろうか、それとも短期的な結果と間違った希望を与えてくれるだけなのだろうか？　この果物のスムージーは本当に１００パーセント生の果物をブレンドしたものでも何も加えていないだろうか？　普通の人はこうした疑問を持つことがありません。疑問を持とうともせず、答えを探すための時間も、エネルギーも、経験もありません。それでも、こうした問いかけは重要です。健康的な体重を維持するためだけでなく、健康を維持し、病気になるリスクを最小限にするためにも。

多くの人が、健康を質の高い生活のもっとも重要な要素とみなしています。すでにまずまず健康、あるいは健康そのものという人は違うかもしれませんが、健康に不安がある人はこ

れが何より重要なことだとわかっています。わざわざこの話をするのは、健康に関しては、あなたの今の体重と健康状態がどうであろうと、自分がすべての責任を引き受けたほうがいいと伝えたかったからです。

今この瞬間から、自分の体重と健康に関する責任をすべて自分で引き受け、決して手放さないでください。もし低カロリー、ダイエット、低脂肪、無炭水化物などのラベルがついたものを信用できるのであれば、私たちは食べ物について何も考える必要がなく、みんながスリムでいるはずです。

食品に「ダイエット」という文字がついているのを見て、体重を減らすのを助けてくれると思い込み、その時点で自分の責任を放棄してしまう人がいます。彼らは結局、太っていく一方です。製品に「ダイエット」のラベルを貼ることについては何の規制もありません。たとえあったとしても、おそらくカロリー量だけに基づいたもので、体重に与える全体的な影響に基づいたものではないでしょう。

## 健康的な生活を送るための現代ならではの障害

健康的なライフスタイルを送ることがどんどんむずかしくなっているのは、世界中の多くの社会が残念な方向に進んできたためです。その傾向が最近になってますます加速しています。とくにアメリカ社会では、シンプルで健康的な食習慣よりも、便利さやブランドが重視されるようになりました。企業だけでなく、私たち自身も同じように非難されるべきです。加糖されていない製品は、加糖された製品ほど売れないのが普通です。もし味が何より重要な、あるいは唯一の要素であるなら、当然のように糖分の高い製品がもっともよく売れるでしょう（実際に売れています）。

あなたが自分のことに責任を持てば（そのほとんどは、食べ物に疑いを抱くとか、自分が何を食べているのかを知るために成分表を見るというような簡単なことです）、そして、いくつかの小さな習慣を取り入れれば、間違いなく成功できます。ただし、自分が何と戦っているのかを知っておく必要があります。食品は大きなビジネスです。したがって、嘘やごまかしにあふれています。食品業界がどのように私たちをだましているのか、それを次に見てみましょう。

## 食品業界のごまかしを見抜く

食品会社が健康によさそうに聞こえる宣伝文句を使い、そこにごまかしの可能性があるなら、その企業の製品はおそらく健康に悪いので、避けるべきです。ときには本当に健康的な特徴が挙げられていることもあるでしょうが、だからといって健康的な製品になるとはかぎりません。加工食品には体に悪影響を与える成分がたくさん含まれているからです。この項では、消費者にその食品が実際よりも健康的だと思わせるために使われてきた、ごまかしの例をいくつか紹介します。

次のようなフレーズがパッケージに書かれているのを見つけたら、警鐘を鳴らしてください。その企業はおそらくあなたをだまして、間違った決断をさせようとしています。食品を選ぶときにはつねに、表側のブランディング部分を無視して裏返し、成分表を見てください。パッケージの表面に書かれた内容をそのまますべて信用してはいけない理由をいくつか教えましょう。実際にはもっとたくさんの例がありますが、これを読むことでどのような種類のものを警戒しなければならないかがわかると思います。

## 小麦100パーセント！

これを見た人が考えること――小麦100パーセント！　完璧だ！　これこそ私が食べるべき健康的な小麦製品だ！

**実際の意味は――この製品にはキビやキヌアは含まれません**（要するに役に立たない情報です）。小麦100パーセントというのは、その小麦が全粒という意味でも、ほかの成分が含まれていないという意味でも、精製や加工がされていないという意味でもありません。

## マルチグレイン！

これを見た人が考えること――よし、健康によい小麦がたくさん入っている！

**実際の意味は――2種類以上の穀物が使われています。ただし、精製されていたり、栄養分が取り除かれていたり、全粒穀物に見えるようにキャラメル色に色づけされていることもあります。**ある有名なサンドイッチチェーンのメニューには、9種の穀物を使ったパンがあります。成分表の最初のふたつは「全粒粉」と「栄養添加小麦」。栄養添加小麦というのは精白小麦のことです。それに続いてほかの8種類の穀物の名前が書かれていますが、どれも2パーセント以下の成分です。要するに、この製品は基本的には全粒小麦と精白パンを組み合わせたもので、ほかの穀物がほんのわずかだけ含まれています。厳密に言えば9種類の穀物を含みますが、いくらかの全粒小麦をのぞけば、ほかの8つの穀物を合わせたより多くの精白パンを含みます。つまり、健康そうに見えるように化粧をした精白パンといったところです。

## 全粒小麦を使用！

これを見た人が考えること――この製品は全粒小麦100パーセントだ！

実際の意味は――**全粒小麦が成分表のどこかに、おそらく精製穀物**（ほとんどの食品の主原料）のすぐあとに書かれています。パンやパスタで探すべき魔法のフレーズは、**全粒小麦100パーセント！　それこそが、あなたが目指すものです。**それ以外のものはごまかしです。もちろん、全粒小麦100パーセントであっても、超加工製品は理想的な食品ではありません。

## (100パーセント)本物のチーズを使用!

これを見た人が考えること――この製品は大部分が本物のチーズだ!
**実際の意味は――本物のチーズは使われていますが、全体の2パーセント程度かもしれません。**チーズクラッカーではそれが普通です。ほんのわずかなチーズと大量の精製小麦でつくられています。

## 低脂肪!

これを見た人が考えること――この製品は健康的で、減量に向いている。
**実際の意味は(おそらく)――高糖分! 高ナトリウム! 高保存料! 高レベルの加工! 不健康! 高利益!**

## エクストラ・ヴァージン・オリーブオイル!

脂質に関しては、オリーブオイルの健康的価値は非常に高く、減量のための最適な選択です。もしあなたが**健康によいオイルを追い求めているのなら、エクストラ・ヴァージン・オリーブオイルだけを考えるべきです。**このオイルはオリーブの実を砕いてつくります。ほかのオイルは加熱したり化学物質で加工したりすることがよくあります。エクストラ・ヴァージン・オリーブオイルは需要の多いビッグビジネスになったため、業界に腐敗をまねいてきました。あなたが買ったオリーブオイルはそれほど純粋ではないかもしれません。これまでの例が誤解を招きはするものの、厳密に言えば真実が含まれるのに対し、これは完全に買う人をだましている例です。

カリフォルニア大学デイヴィス校は、インターナショナル・オリーブ・カウンシル（ＩＯＣ）と協力して、ふたつの研究で2年間に１８６のオリーブオイルのサンプルを分析しました。第2の研究では、**アメリカに輸入されているエクストラ・ヴァージン・オリーブオイルの売り上げ上位5製品のうち、サンプルの73パーセントがＩＯＣの検査委員会の検査に不合格**でした。「味覚への不良要素は、これらのサンプルが酸化しているか、質が悪いか、安い精製オイルで薄められていることを示唆している」。最後の指摘については、エクストラ・ヴァージン・オリーブオイルにもっと安くて健康に悪い、キャノーラや大豆油などの精製オイルを混ぜていることがあります。また、この調査では、本物のオリーブオイルとほかのナッツやシードオイルを区別するために、脂肪酸の含有量についても検査しました。

もしあなたが本物の、純粋な、高品質の１００パーセント・エクストラ・ヴァージン・オリーブオイルとして検査にパスしたブランドを知りたいだけなら、18サンプル全部がすべての検査をパスしたブランドは、カリフォルニア・オリーブ・ランチとコブラム・エステートのふたつでした。第3位はルッチーニで、18サンプルのうち16サンプルが検査をパスしました。『コンシューマー・リポート』誌も同様の調査を行なっていますが、基準を満たしたのはほんのわずかなブランドだけでした（やはりカリフォルニア・オリーブ・ランチとルッチーニが優秀ブランドに含まれていました）。

これらの結果を見て、私は**カリフォルニア・オリーブ・ランチのエクストラ・ヴァージン・オリーブオイル**を買うことにしました。これまで試してきたどのオリーブオイルとも違って、コクがあって香りもよく、まさに本物です。私が最後に試したオイルはオーガニックの地中海ブランドでしたが、同じような豊かな香りはありませんでした。オリーブオイルを選ぶときには、ここで挙げたブランドのどれかにすることを強くおすすめします。私はカリフォルニア・オリーブ・ランチとは何のコネもありませんし、このブランドにしてもほかのオリーブオイル会社にしても、宣伝したところで私が何か得をすることはありません。正直な企業は、話題にするだけの価値があるということです。

## ルールをつくらずに習慣を逆転させる

**ひどい食習慣を改めるには、食べることを再び意識的な決断にする必要があります。**これは、よい習慣を身につけるときとは反対のプロセスです。こちらは、意識的な決断を潜在意識の自動的な決断にまかせるプロセスですから。自分自身で意識して決断する代わりに、多くの人はダイエット計画に頼って、「好ましくない習慣を禁じる」方法を選んでしまいます。あなたの生活の一部になってしまっている行動を禁じるのは、賢いやり方ではありません。

加工食品を禁じるともっとそれを食べたくなるのと同じように、**健康的な食べ物を「食べなければいけない」ものにすると、魅力が薄れます。**健康的な食事を長く続ける人は、健康によくない食べ物を禁じたり、無理に健康的な食べ物を自分に強いたりはしません。彼らはただ、健康的な食べ物のほうを好むようになったのです。これは、あなたにも身につけられる習慣です。

小さな習慣のプランに従っているあいだも、あなたはチーズバーガー、ピザ、フライ、キャンディを食べ、炭酸飲料やダイエットソーダを飲むことができます。それと同時に、好みを変えるような小さな習慣をいくつか取り入れます。こうしたやり方は、ばかばかしく見えるかもしれませんが、私たちの目標は、うわべだけの変化を取り入れるのではなく、食習慣を根本から変えることです。

健康によいものを食べ、いくらか体重が減って気分がよくなると、超加工食品に対する見方が変化します。あなたの味覚は、おいしいスパイスや栄養価の高い食品の味に慣れ、これまでどうしてそうした食べ物を避けていたのか不思議に思うことでしょう。その理由は、それらに代わるおいしいものがたくさんあったからです。

## 好みは生まれつきのものか、学んで身につくのか？

世界の大部分の地域で、人々は塩に対して半分中毒に近い状態です。加工食品やレストランの食べ物には塩分がたっぷり含まれ、その上にさらに塩をかける人もいます。塩への親しみは、生まれながらの欲求なのでしょうか？　もちろん違います。私たち人間は、生きるためにそれほど多くの塩を必要としていませんし、塩が好きになるように生まれついてもいません。塩分を好むように、あとから教えられたのです。

次のような研究結果があります。「新生児は一般に、適量の塩に対して嫌悪や無関心を示す。塩味を好むようになるのは2歳から3歳になってからである。同様の効果は、高塩分の食事を経験したあとで、低塩分の食事に切り替えた人たちのグループにも見られる。**一生のどの段階でも、高塩分の食事をとると、最初は嫌悪の反応を引き起こし、その後は一定の期間をかけて習慣化される**」

これは塩だけの問題ではありません。幼いころから、私たちは肥満の原因になるような食べ物を楽しむように訓練されます。つまり、高塩分、高脂肪、高糖分の食べ物です。塩、脂肪、砂糖は、もちろん健康によくない食べ物ではありません。加工された状態で食べたり、過度な量を食べたりしたときに、不健康な食品になります。加工食品を食べると、おそらく必要以上の量の塩、砂糖、脂肪をとることになります。最初のうち、その加工食品はいくぶん不快な味だと感じます。ところが頻繁に食べているうちに、甘すぎるもの、しょっぱすぎるもの、こってりしすぎているものも、だんだん普通の味に感じるようになります。

私たちは何もかもが必要以上に入った食品を食べることが習慣になってしまいました。実験室でつくられた混ぜ合わせ食品の風味、砂糖、塩、脂肪が、私たちの舌へと押しよせ、過度な刺激を与えています。感覚器官への過度の刺激は、徐々に受け入れられるようになるだけでなく、やがて食べるときに欠かせないものとして期待されるようにもなっていきます。

## 食べ物の好みをどう変えるか

以下は、私自身が経験したことです。おそらくあなたの経験とは違うと思いますが、食事の好みは変化させられるという点では、私だけの話ではないと思います。

以前の私は大のスイーツ好きでした。子どものころは甘いものが好きなあまり、甘いものなら食べ物以外でも口に入れていました。あるとき、妹がこう叫んだときのことは、今でもはっきり覚えています。「ママ！　スティーヴンがまた私のミニーマウスのリップクリームを食べちゃった！」。そのリップクリームは、私の大好きな味でした。食料品店で見つけたタムズ（市販の胃薬）、グミ状のビタミン剤、キャンディを自分の部屋にため込んだりもしました。ベッドの下にもぐって、禁じられた宝物をよくこっそり食べたものでした（なぜ子ども時代を生き延びられたのか、自分でも不思議です）。

以前はキャンディが大好きで、ケールは大嫌いでした。今ではキャンディは嫌いで、ケールは好きです。以前はザワークラウトが大嫌いでしたが、今は喜んで食べています。以前は最悪のファストフード店で食べていましたが、今は絶対に近寄りません。以前は食事のときに炭酸飲料を飲んでいましたが、今はいつも水を飲みます。

**食べ物の好みは、変える理由と正しいアプローチさえあれば変えられますし、実際に変わります。**私も今は健康的な食生活をしていますが、以前はキャンディを愛する、意志の弱いダメ人間でした。

あなたもこれから気づくでしょうが、**不健康なものでも食べてかまわないという完全な自由を自分に与えると、その食べ物はあなたを支配する力の大部分を失います。**罪悪感と恥の感情は、私たちを自滅の道へと誘い込みます。すべての食べ物を公正に扱い、罪悪感と恥を捨て去れば、もっとよい決断を下せるようになります。このアプローチを毎日の小さな習慣、そして長く続けられる計画と結びつければ、体重が増える原因になる食べ物がこれまでとは違って見えてくるはずです。

## 信じる気持ちと経験のパラドックス

自分で実際に経験するまでは、本当に生活を変えられるとは信じられない人たちがいます。変化できると信じられないために、変化を試してみようとしないのなら、その人たちはどうやって変わればいいのでしょう？　この状況に陥ってしまったときに助けてくれるのが、**ポ**

ジティブな変化と自分を信じる気持ち（自己肯定感）です。しかし、どちらが先にくるのでしょう？　信じる気持ちでしょうか、変化でしょうか？　あるいは、どちらが生活改善の基礎とするのにより優れているのでしょう？

先に変化を起こせば、信じる気持ちはあとからついてきます。小さな習慣は、信じる気持ちがほんのわずかでも、まったくなくても、本当の変化を実現させます。なぜなら、まず変化を生じさせることで、あなたを信じさせるからです。

私も腕立て伏せ1回の小さな習慣が、ジム通いの習慣に変わったときにはじめて、自分にもそれなりの筋肉をつけられるのだと本当に信じることができました。ウエイトリフティングに手を出してみて、3年から5年たってもほとんど何の結果も得られなかったとしたら、どうして信じることなどできるでしょう。同じように、健康的な食事を何年も続けて、何の違いも感じられなかったとしたら、食習慣を変えると体重も変わるなどとは信じられないでしょう。ほんの少しかじってみるだけでは、新しい行動の本当の効果がわかりません。

急激なダイエットやクレンズ法で実感できるのは、すぐに結果が出るので減量に成功できると信じる気持ちが高まることです。しかし、短期的な結果は得られても、持続可能でなければ、こうした方法は長期的には代謝に害を与え、変化は可能だと信じる気持ちさえなくしてしまいます。なぜでしょう？　この一時的な成功の喜びは、再び以前の食生活に戻り、以前の体重に逆戻りすると、マイナス要素に変わります。あなたは本当の変化など不可能なのだという以前の考え方に逆戻りします。そして、皮肉なことにこう考えるのです。「この突然の大きな変化でも十分ではないのなら、もう希望はない」。あなたの問題は、大きな変化を試みたことです。**脳と体は大きな変化を好みません。脳と体が好むのは、変わっていることがほとんどわからないような、無理なく小さな変化です。**そこを出発点にしましょう。

## 健康的な生活を簡単に送るための方法

加工食品が健康的な食品より好んで食べられているのは、便利だからです。袋入りのポテトチップスは、棚の上に何カ月も置いておけます。そして、欲しいと思ったらすぐに食べることができます。とにかく簡単です。果物を切ることは健康的な食事の準備としてはかなり簡単なほうですが、それでもポテトチップスに比べれば面倒です。

健康的な食事は、料理と後片づけに2時間から3時間かかることもあります。そして、タイミングよく調理しないと、すべての食材が台無しになってしまうかもしれません。でも、加工食品と（ほぼ）同じくらい簡単に、健康的な食事を用意する方法はたくさんあります。

私は本物の「健康オタク」で、筋金入りの怠け者でもあります。これはなかなか厄介です。なぜなら、健康的に過ごすことは一般に、アメリカではむずかしいからです。この解決困難な状況が、私をクリエイティブにさせました。私は自分のこのふたつの特性のために、健康的な生活を送ることが簡単になる方法を考えました。そうでもしないと、イライラして自滅してしまっていたでしょう。これから紹介するのは、正しい選択を簡単にして、体重が増える原因となる選択の誘惑に抵抗できるようにするための方法です。

## 食事を簡単にするアイデア

- **ロティサリーチキン**（＊訳注……丸ごと串に刺してあぶり焼きにした鶏肉）を買ってきて、その肉を1週間かけて、さまざまな料理に使う。ロティサリーチキンは冷蔵庫に入れておけば3～4日は持ちます。家族と一緒に住んでいるのなら、あっという間に一羽分食べつくしてしまうでしょう。
- **冷凍野菜を買ってきて、電子レンジかガスレンジで手早く調理する。**冷凍食品は全般的におすすめです。生の食品の栄養価がそのまま保たれていて、長期の保存がきき、準備が簡単だからです。
- **強火で炒める料理をマスターする！**　私はブロッコリーが好きなので、（冷凍）ブロッコリーをココナッツオイルかオリーブオイルを入れた鍋で温め、（無塩の）万能シーズニング、コショウ、ショウガ、ターメリックを加え、九割方下準備した鶏肉を入れて一緒に炒めます。これで、健康的で満腹感を与える食事になります。簡単で、おいしく、時間もかかりません（10～20分あれば十分です）。このようなシンプルで健康的な料理のレパートリーをつくっておくことが、減量計画には欠かせません。あなたもこれについてはしっかり考えておいてください。これで大きな違いが生まれますから。役立つヒントをもう少し加えておきましょう。

・**煮込み料理のレシピをいくつか覚える。**鍋に材料をすべて入れて煮込むだけ。戻ってきたときには、でき上がっています。

・**私の朝食は、卵、チーズ、パン、アボカド、というのが定番です。**卵は簡単に準備できるので、朝食向き。もし本当におなかがすいているのなら、電子レンジを使えば1分で準備できます。卵専用に考えられた電子レンジ用の調理器具もたくさんあります。私が持っているノルディック・ウェア・マイクロウェイブ・エッグ・ボイラーという調理器具は、卵4個を8分でゆでることができ、簡単に殻がむけます。最近は、卵を鍋で（オリーブオイルを使って）炒めることが多くなりました。速くて、簡単で、ゆでるよりおいしいからです。

・**デザート？　冷凍フルーツは歴史上最高の減量用の食べ物のひとつでしょう。**ばかばかしく聞こえるかもしれませんが、果物を切るという一手間でも、私のように面倒だと感じ、そこまでして食べなくてもいいと思う人は多いのです。冷凍フルーツはすでにカットされていて、すぐに食べられます。私はいつ甘いものが欲しくなっても大丈夫なように、つねに冷凍庫をさまざまなフルーツでいっぱいにしています。袋から取り出してそのまま食べるだけでも十分においしいのですが、プレーンヨーグルトと組み合わせることもできます。それだけですばらしい朝食、軽食、あるいはデザートになります。

**私の大好きなデザートは、器1杯分の冷凍フルーツ**（通常はマンゴー、イチゴ、ブルーベリー）に、シナモンをたっぷりかけたものです。これまで食べたどんなデザートにも負けないおいしさで、ものすごく健康的で、減量にもぴったりです。果物が半分解けたころが、なんともいえないおいしさ。果物が減量のために最適な食品のひとつであることも忘れないでください（科学的な理論と観察の両方で証明されています）。

以上は、健康的な食生活を簡単にするために私が実行している、ほんのわずかな例です。食べ物をあなたが思う以上にもっと健康的に、もっと準備を簡単に、もっとおいしくするアイデアは、ほかにも数えきれないほどあります。ただし、あなた自身がそれを探さなければなりません。私はもっと健康的な朝食を食べたいと思ったときに、卵を簡単に調理できるいちばん簡単な方法を調べました。自宅でもっと料理をしたいと思ったときに、肉と野菜を鍋で一緒に調理するのが、速くて簡単だと、調べていてわかりました。あなたの必要としていることが何であれ、簡単な解決法は間違いなくあります。

自分で料理をするようになるまで、私はずっと、料理はむずかしく、時間がかかるものと思っていました。その後、手早く簡単につくれる料理もあるとわかりました。もしあなたが料理嫌いなら、私がここで挙げたような、ごく簡単な料理から始めてみてください。

## ◎全粒穀物製品に切り替える。

精製穀物より全粒穀物のほうが、どれほど体によいかを知ると、びっくりすると思います。「ほんの少し優れている」のではありません。全粒穀物は高品質の食品で、精製穀物は体重が増えやすい食品です。**全粒穀物は抗酸化物質、食物繊維、栄養分が豊富で、ゆっくりと消化されます。**精製したもの（白米や精白小麦）より味が劣ると思っているのなら、全粒穀物でも同じくらい、あるいはもっと満足できるように練習していくことができます。
ヒント：健康的な食品がどれほど体によいか、考えてみてください。これが、私がザワークラウトとケールについての考えを変えた理由だと思います。

## ◎料理にはココナッツオイルとオリーブオイルだけを使う。

あなたは自分がいつもどのオイルを使っているかわかっていますか？　**ココナッツオイルとオリーブオイルは、健康にもウエスト周りをすっきりさせるためにも優れています。**おまけに風味もすばらしい！

## ◎市販のドレッシングやディップの代わりに、オリーブオイル、ハーブ、スパイス、酢を使う。

私たちはおいしいものが好きです。でもそれは、食料品店で売っている標準的な「大豆油と砂糖」を使ったドレッシングで、体重を増やさなければならないという意味ではありません。**オリーブオイルとバルサミコ酢で、おいしいサラダドレッシングができます。**サラダの風味を増すために、これにブラックペッパー、ハーブ、チーズ、スパイスを加えてもいいでしょう。（全粒穀物の）ガーリックブレッドがあれば、オリーブオイルとニンニクの絶妙な組み合わせで、踊りたくなるはずです。

## ◎ディップが欲しい？　それならフムスとグアカモレを！

ランチ・ドレッシングは、大豆油にいろいろな材料を加えたものです。その代わりに、**野菜ディップとして、フムスやグアカモレを使いましょう。**健康的なフムスとグアカモレは、自分でつくることもできますし、お店でも売っています（成分表の確認を忘れずに！）。

## ◎大きなフォークと小さなお皿を使う。

食器類を変えて、食べる量を心理的にコントロールするのであれば、**正しい組み合わせは小さなお皿と大きなフォーク**です。どちらも食べる量を減らす効果があることが、研究で実証されました。このことをわざわざ書いているのは、これが一度の変化で効果が得られるからですが、意識して食べることはもっと重要です。たとえ小さなフォークと大きなお皿しかなかったとしても、あきらめる必要はありません。まだうまくやり遂げることはできます。

食事で食べる量は、質のよいものを食べることほど重要ではありません。おそらく、もっと小さい食器にするために、持っているお皿すべてを捨ててしまうほどの価値はないと思います。お皿や器の大きさがあなたの食べる量の選択に影響を与えることを意識し、食器の大きさに応じて調整するだけでいいのです。ただし、十分な量を食べるようにしてください。ある研究で、おかわりをもらうより、「お皿にいっぱい盛った」ときのほうが、食べる量が少なくなることがわかりました。

何をするにしても、お皿のサイズで満腹感を決めないように注意してください。自分の体がもう十分だと教えてくれる声に耳を傾けてください。お皿の上にどれだけ食べ物が残っていても、です。保存容器をいくつか買っておいて、満足したと思ったときには、食べ物をあとの楽しみに残しておく練習をしましょう。またおなかがすいたときに、それを食べればいいのですから。

## 「きれいに平らげる」ことを自分に強いてはいけない

残さず食べること、お皿を「きれいにする」ことを自分に強いてはいけません。論理的には、お皿にのせる食べ物の量でどれだけ食べるかを決める方法は、とくにレストランの食事ではうまくいきません。あなたに出す食べ物の量を決めているのはレストランだからです。

ふたつの正反対の食習慣について考えてみましょう。あなたが料理を出されたとき、習慣として可能な食べ方のひとつは、お皿にのっているものすべてを平らげようとすることです。もうひとつは、出された量は無視して、自分の体が十分だと教える量だけを正確に食べ、それ以上でもそれ以下でもなく食べることです。もしあなたに料理をきれいに平らげる習慣があるのなら、自分の体が送ってくる合図を無視してきたことになります。体が教えることを無視して、「きれいに平らげる」という目標を優先するのであれば、それが、あなたが得意とする行動になっていきます。あなたにとっての救いは、それでもまだ、体は合図を送り続けてくれるということです。ですから、あなたはただ、その声に注意を向けようと決めるだけでいいのです。

お皿の上の食べ物をすべて平らげることは、あなたの健康や満ち足りた生活ほど重要ではありません。そう思いませんか？　はっきりさせておくと、これはカロリーを減らすこととは違います。健康な人は、カロリー制限もカロリー過多も目指しません。

**減量を成功させるには、計算も、観察も、食事量の細かい管理も必要としません。必要なのは、意識して食べることだけです。**意識して食べる人は、出されたものをすべて平らげようとはしないものです。どれだけ食べるかは体が教えてくれるからです。

いつ食べるのをストップするかについては、おなかがはちきれそうになるまでではなく、満足したときというのが答えです。食べすぎは、文化的、習慣的なものです。日本には「腹八分目」という言葉があります。基本的には80パーセント程度の満腹感という意味で、信頼できる目安になります。80パーセントの満腹感でやめておけば、食べるという行為をもっと楽しむことができるでしょう。食べ物が体内で引き起こす炎症やホルモンの作用で、満腹感の信号の働きを乱す可能性がありますが、これは意識して健康によい食べ物を中心にした食事をとることで対処することができます。

## アルコールとどうつき合うか

**お酒を飲むときにもっとも効果的なのは、一緒に水を飲むことです。**一晩に何杯かお酒を飲んで楽しもうと思っているのなら、私はそれを止めたりはしません。あなたは自分では止められないかもしれませんから、その夜を敗北としてカウントする代わりに、水を飲む努力をしてください。これで水分補給ができ、二日酔いを予防し、お酒の飲みすぎによるダメージを最小限に抑えます。

アルコールの大きなリスクのひとつは、あなたの食習慣におよぼすかもしれない影響です。抑制がきかなくなり、体重を増やすような食べ物への欲求が増すかもしれません。私がすすめるのは、これまでの自分の行動を振り返って計画を立てることです。

お酒をいったん飲み始めると、ついつい飲みすぎてしまうという人は、飲む回数を減らしましょう。いつも1杯か2杯にとどめているのなら、飲酒がひどい食習慣を引き起こさないかぎりは、おそらく問題ありません。食習慣を乱す場合には、習慣を変えるか（これについてはのちほど説明します）、お酒を飲む夜を減らすのがいいでしょう。

## 食べ物に関する「小さな習慣」

**私がひとつだけ恐れているのは、これから紹介するリストを見てあなたが失望してしまうことです。**とても短いリストで、行動自体はシンプルですから。シンプルなのはよいことですが、ダイエット文化が築いてきた厳しく複雑な減量方法にあなたが慣れてしまっているとすれば、よいとは思えないかもしれません。この方法はこれまでのものとは違います。これまでのものは効果がありません。**最強のプランは、可能なかぎりシンプルでありながら、それでも効果があるものです。**

これから紹介するアイデアのそれぞれに、無数のバリエーションが考えられます。ですから、選択肢が少なくて困ることはありません。しかし、基本の要素はシンプルそのものです。**減量は意識を高めること、健康的な食事をすること、そしてもっと活動的になることで達成される**からです。あなたの食べ方、精神面の健康、ものの見方も、体重に影響を与えます。その大部分は基本の3つの要素に間接的に影響を与えるものです。ですから、その部分に関連した小さな習慣もいくつかあります。

次のリストを読んで、どれを試してみたいかを考えてみてください。すべてをやろうとは思わないこと。**最大でも小さな習慣は4つまでにする**といいでしょう。食べることに関する小さな習慣をふたつ、運動に関する小さな習慣がひとつかふたつ、といったところです。

**果物を1サービング増やす**——1サービングがどれくらいの量かを知っておくことは重要です。そうすれば目標が定まりますから。果物1サービングは、リンゴ1個、ベリーを大きなカップに1杯、バナナ1本、オレンジ1個に相当します。これをあなたの小さな習慣にするのなら、果物をいつも用意しておくことも重要です。私のようにできるだけ物事を簡単にしたいのなら、冷凍フルーツを買うといいでしょう。すぐに食べられますし、腐らせてしまう心配もありません。ベリーとモモについては、オーガニックのものを買うことを強くすすめます。普通に売っているものには農薬が多量に含まれているからです。ベリーとモモは「ダーティー・ダズン」(もっとも農薬まみれになっている食品のこと)の一部です。もしオーガニック以外のものを買うなら、よく洗ってから食べてください。

**果物に関するおまけ**　**果物をさらに食べるか、果物に全脂無糖のプレーンヨーグルトを加える。**

**生野菜を1サービング増やす**——すでに野菜を毎日食べているので、野菜を1サービング増やしたところで、たいした違いはないと思う人もいるかもしれません。その場合は、もっと具体的に、生野菜1サービングとか、いつもより1サービング多く、というように考えてください。**1サービングの目安は、ニンジン丸ごと1本、ブロッコリーの小房3つ、カリフラワーの小房2つ、パプリカ（赤、緑、黄）半個、セロリの茎1本、キュウリ4分の1本、ホウレンソウひとつかみ、生のラディッシュの薄切り8枚など**です。ほかにも、あなたの好みのもの何でもかまいません。野菜のように見える果物を、野菜としてカウントすることもできます（チェリートマト4個、アボカド半個など）。

生野菜を食べるときにディップが欲しいのであれば、フムスを使いましょう。これはもっともシンプルな形では、ヒヨコ豆、オリーブオイル、レモン汁、練りゴマ、ニンニク、塩、コショウを混ぜてペースト状にしたものです。もうひとつの選択肢はグアカモレで、アボカド、タマネギ、ニンニク、トマト、ライム、塩、コショウでつくります。お店で売っているパック入りのディップを買うときには注意が必要です。1サービングで大量の塩、保存料（炎症性があります）、さらには砂糖までとることになりかねませんから。「野菜ディップ」というのは、ほぼ間違いなく大豆油のことです。大豆油で覆われた野菜と、ほかの体重を増やす成分を同時に食べるのは理想的ではありません。これは理想の食生活への足掛かりにはなるかもしれませんが（こうしないと野菜を食べられないのであれば、この食べ方でもかまいません）、とにかく理想的ではありません。

**野菜に関するおまけ**　**野菜をもっと食べるか、メガサラダにトライする。**

**体によい食べ物へ、何かひとつ小さな改善（アップグレード）をする**——これは、小さな習慣としては具体性に欠けるのですが、効果が期待できる方法です。毎日、あるいは食事ごとに、いつもより健康によいものを食べるように小さなアップグレードをしてください。レストランで食事をするのなら、いつものフライドポテトのつけ合わせを、ベイクドポテト、グリーンビーンズ、サラダに換えます。これでアップグレードです！　家にいるときに何かスナックを食べたくなって、ポテトチップスに手を伸ばそうとしたときには、無塩のナッツを少し、先に食べてください。これでアップグレードです！　ラザニアと一緒にコブサラダを食べようと思ったときには、いつもの大豆油を使ったドレッシングの代わりに、ウエイターに頼んでオリーブオイルと酢を持ってきてもらいましょう。ダブルのアップグレードです！　食べ物に関する決断の機会は、毎日たくさんあります。一度にすべてを見直す必要はありませんし、そんなことは試すべきでもありません。このプランは、自分の選択に小さなアップグレードを加えることで、考え方を修正していくことがねらいです。

アップグレードの反対の例も挙げておきましょう。それは、食事を抜いて、おなかがすいているのに何も食べないこと。次にあなたが体重を減らすためにおなかをすかせた状態にしようと思ったときには、この本の「はじめに」をもう一度読んでください。意図的にカロリーを制限するのは、体重が増える結果に終わるということを思い出させてくれるでしょう。午後11時にいつもおなかがすくのに、今日はおなかがすかないという日があれば、食べる必要はありません。体の声に耳を傾けてください。おなかがすいたときに食べ、そうでないときは食べないでください。そして、どのように食べるかを変えるために小さな習慣を使ってください。

## 食べ物のアップグレードに関するおまけ

**アップグレードを2倍、3倍にする。アップグレードに上限はありません。**

**自宅で健康的な食事を1回つくる**――この小さな習慣は、完全にあなたの現在の状況と習慣しだいです。普段から、少なくとも1日に1回は自分で食事をつくるという人もいれば、いつも外食という人もいます。**私がおすすめするのは朝食です。**健康的な朝食をつくるのはとても簡単ですから。たとえば、卵は減量に最適な食材。栄養分に富み、満腹感も与えてくれます。果物とヨーグルトも優れた選択です。これにシナモンを加えてみてください！　多くの人にとって、この小さな習慣は、始めること自体が大きな挑戦になるでしょう。毎日料理するのは無理だというのなら、毎日でなくてもかまいません。違う小さな習慣を選んでもいいし、週に5日を目標にしてもいいでしょう。小さな習慣を毎日するのがいちばん望ましいのは、いくつかの理由があります（一貫性、毎日のマインドフルネス、習慣化される時間など）。でも、もう一度繰り返しますが、あなたのライフスタイルに合わせたものにすることが重要です。

自分をごまかさないこと。**電子レンジで温めるだけの食事のほとんどは、健康的ではありません。シリアルとグリルドチーズは、減量のための武器にはなりません。精白パス**

**タとマリナーラソースは体重を増やす食材です**（全粒小麦のパスタとオリーブオイルなら、まずまずの選択です）。

**健康的な食事に関するおまけ**　**もう1食分、健康的な食事をつくる。あるいはたくさんつくって、あとでまた健康的な食事を食べられるようにする。**

**グラス1杯の水を飲む**――すでに述べた理由により、水は減量のための「武器」になります。

毎日グラス1杯の水を飲むことを目標にするのは、それほどよい考えではないと思われるかもしれません。もっと多くの量を飲むのがよいとされているからです。この考え方にしっかり注意を向けてください。これはまさに、私たちが身につけたい考え方なのですから！　これであなたは、毎日自分がどれだけ水を飲むかを意識するようになり、「1日に1杯より、もっと多く飲める」と考えます。「1日に8杯も水を飲まなければならない」というプレッシャーを感じずにすみます。**グラス1杯の水を飲むという目標は、もう1杯飲んではいけないという意味ではありません。**きっと、もっと飲みたくなるでしょう。

思い出してください。実行プランは最終目標と同じではありません。

ただの水ではあまりに味気ないですか？　私は水の味が好きですが、飲み物はもう少し刺激があるほうがいいという人もいます。それはそれでかまいません。自然が与えてくれる答えはひとつではないですから。風味のある飲み物に慣れているのなら、水に果物、スパイス、炭酸を加えることで、「ダークサイド」からの脱出を簡単にすることができます。レモン、ライム、ミント、リンゴ、シナモン、マンゴー、ショウガ、キュウリ、イチゴ、オレンジなど、基本的にはどんな果物でも、水を健康によい形で風味づけてくれます。とくにおすすめしたいのは柑橘系で、なかでもレモンは水に加えるには人気の果物ですが、それももっともでしょう。おいしい上に、フラボノイドとビタミンCのような抗酸化物質がぎっしり詰まっていて、ほんの少量で風味を加えられます。

もし水を飲むことがあなたにとって本当に重要なら（あなたが炭酸飲料やラテなどを大量に飲み、水にフレーバーを加えることが成功のために欠かせないのなら）、ウォーター・インフューザー・ピッチャーを買うと、おいしい味の水を一日中楽しむことができます。アマゾンのサイトにアクセスすれば、さまざまなインフューザーを見つけられます。果物、野菜、スパイスをインフューザーに入れ、水を加えて、冷蔵庫に入れておくだけです。シナモンを忘れずに！　お願いですから、シナモンを絶対に忘れないでください（シナモンが近くにあれば、手にとって香りをかいでみてください。これが私の大好きな香りです。わが家にはシナモンという名前の猫がいたくらいです。

健康によくない食べ物や飲み物のほとんどがそうであるように、炭酸飲料が優位な点は、すぐに手に入ることです。**インフューザーの水に好みの果物とスパイスを入れ、いつでも飲めるようにしておけば、あなたはきっと安物のシロップ味のソーダをやめて、簡単にこちらに切り替えられるでしょう。**炭酸飲料はおいしいですが、欠点のないおいしい飲み物がすぐそばにあるのに、なぜわざわざ炭酸飲料を飲むでしょうか？

おそらくあなたは、すぐに飲める飲料がいくらでも売っているのに、わざわざ水に果物とスパイスを入れてフレーバー水をつくるのは、面倒だと思っているでしょう。その気持ちはわかります。それに代わる、とても簡単で効果的な選択肢は、100パーセント果汁のジュースを買うことですが、そのまま飲むのではなく、ほんの少しの量をグラス1杯の水に加えて風味づけに使ってください。これだけで、水がどれほどさわやかな味になることか。それを知ると、驚くと思います。おまけに、100パーセント果汁を飲むことによるフルクトースの過剰な摂取を防ぐことができます。

すべての果物ジュースは、100パーセント果汁でさえ、少量だけ飲むときをのぞき、体重増加につながる飲み物です。果物それ自体は減量に最適な食べ物なのですが、ジュースになると体重を増やします。水にフレーバーを加えるのに十分なだけの量を使ってください。

また、袋入りのパウダーをフレーバーにするのは避けてください。これらはすべて甘味料を含みます。パウダー状のもので、これならいいと思えるものに私は出合ったことがありません。運動するときのドリンクとしてはいいかもしれませんが、日常の飲料としてはすすめられません。

**水に関するおまけ**　**2杯、3杯、4杯の水？　大正解です。**

**一口30回噛む――一口ごとに30回という意味で、口に入るだけ入れたときに30回というこ**

**とではありません。**この練習をすると、いくつかの利点があります。まず、食べ物の消化がよくなります。そして、食事をもっとよく味わい、もっと楽しめるようになります。ごく自然に、もっと意識して食べるようになります。さらには、ほぼ間違いなく食べる量が少なくなります。「満腹だ」という反応が伝えられる十分な時間ができるからです。

一口ごとに「噛んだ回数」を数え、練習してみてください。現在の噛む回数が習慣になっているように、やがて新しい回数が習慣化されていきます。

**私は自分でも一口30回噛むという小さな習慣を試してみましたが、すばらしい効果がありました。消化がずっとよくなり、食べ物をもっと楽しめるようになり、食べすぎるのがむずかしくなりました。**ただ、単純な一口30回のルールにはいくつかの問題点も見つかりました。そこで、**果物のようなやわらかい食べ物なら15回以上、肉のような歯ごたえのある食べ物なら45回以上、という回数に修正することにしました。**これを一般的な目安にするといいと思います。

**食べ物をよく噛んで食べると、同じ満腹感で食べる量が減り、それでいて満足度は高まります。**これほど大きな減量効果は、ほかの方法では得られません。あらゆる体重の男性を対象にした中国での研究で、いつもよりよく噛んで食べたときには、摂取カロリーが約12パーセント減りました。科学的に説明するなら、よく噛むことで、グレリン濃度（空腹ホルモン）が減少したことがわかりました。噛む回数を自然の習慣にまかせると、肥満の男性は食べるのが速くなり、噛む回数が減りました。カロリーを12パーセント減らすには、噛む回数をどれほど増やせばいいと思いますか？　25回です。被験者は15回ぐらいから始め、その後、40回に増やすように指示されました。それによって変化が生じました。私が自分で試してみたところ、40回だと少し多すぎました。それを義務にしてしまうと、おそらく続けられません。必要とする回数はもっと少なくしておいて、好きなだけおまけで回数を増やせるようにしておくのが、もっとも効果的なやり方だと思います。とは言うものの、もしあなたが40回噛んでみようと思い、それができるなら、ぜひそうしてください。食べ物は噛みすぎということはありません。

**食べ物を噛むことに関するおまけ**　**一口ごとに噛む回数をもっと増やす。50回噛めますか？　回数が多くなると、食べ物を飲み込まずにいることが、驚くほどむずかしくなります。**

第2部

減量のための計画づくり

# 第7章

# フィットネスの小さな習慣

「フィットネスは楽しいゲームのように感じられなければならない。そうしないと潜在意識で避けるようになる」

――アラン・シック

## 運動との長期的な関係を築く

太りすぎの人の多くは、運動を努力が必要な活動、耐えがたいほどの不快感、ときには痛みと結びつけます。望みどおりに脂肪を減らすには、自分と体を「罰し」なければならないと考えています。激しい運動をすれば、間違いなく効果は期待できますが、その経験が運動との関係を悪くするのであれば、せっかくの効果も長続きはしません。

ある研究で、自分の心に太りすぎという不名誉な烙印を押す人は、自尊心が低く、運動を避けるという結果が出ました。これを単純な因果関係として考えると、矛盾しているように思えてきます。ある人が体重を減らしたいと思っていて、運動がその助けになるのなら、なぜ運動を避けるのでしょうか？　それは、運動は不快なものだと思うからです。やせなければならないという社会的なプレッシャーに押しつぶされるからです。目に見える効果が出る前に、いくつもの山を登らなければならないと思うからです。太りすぎは恥ずかしいということばかり考えてしまうからです。要するに、彼らは運動について間違った見方をしていて、間違った関係を築いてしまっています。そのために、運動のことを考えるだけでうんざりしてしまいます。

あなたは次のどちらがより大事だと思いますか？　**大嫌いな運動を必死にこなして、1カ月で7キロやせることでしょうか？　それとも、1カ月で体重は減らなくても、始めたときより運動を楽しめることでしょうか？**　私はあなたに後者を選んでほしいと思っています。

なぜなら、後者のほうが、これまで考え出されてきたどの運動プログラムよりも、200倍くらい優れているからです。7キロの減量はかなりの量ですから、あなたは疑問に思うかもしれません。しかし、運動との関係をもっと健康的なものにすることで得られる見返りと、その関係性をさらに改善するための知識は、あなたにとってこれから一生ずっと役立ってくれるはずです。

こう想像してみてください。あなたが運動を楽しめるとしたらどうでしょう？ 運動をすると考えただけで、顔がほころぶとしたらどうでしょう？ あなたが運動をするのは、結果を求めるためでも、プレッシャーを感じたからでも、恥ずかしさを克服するためでもなく、ただやりたいからだとしたらどうでしょう？ この考え方は多くの人にとってなじみのないものだと思います。運動はいつも「おなかをへこませるための方法」として、あるいは「カロリーを燃焼し、体重を減らすための近道」として描かれているからです。

本書のテーマに従い、ここでは運動を短期間に結果を得るための方法として使うことではなく、**運動との長期的な関係を築くことに集中したい**と思います。私は小さな習慣で、生活の多くの側面をがらりと変えることができました。そのひとつは読むことです。私にとって読むことが、結果を得るためだけに行なう面倒な作業になっていた時期がありました。つまり、私にとって読むことは、体重を減らそうとしている人たちの大部分にとっての運動と同じでした。私に何が起こったかを、詳しくお話ししましょう。

## 私はどのように読むこととの関係を修復したか

小さいころ、私は本を読むことが好きで、お気に入りは『グースバンプス』と『きみならどうする?』シリーズでした。その後、学校に通い始めました。若者のなかには、セックス、ドラッグ、アルコールで反抗する子もいます。私は宿題に反抗しました。なかなかワイルドだと思いませんか? たいていの子どもは宿題が嫌いでしょうが、私の場合は宿題を軽蔑していました。週に5日は学校で8時間も過ごさなければならないのに、家に帰ってまで宿題で忙しくさせて、私の自由をさらに奪おうとするのですから。そんなことは許せません!

宿題の大部分は、読むことでした。読むことを強制されるほど、私は強く抵抗しました。そう、私は反抗的でしたが、これは単なる反抗では終わりませんでした。読むことと私の関係が、すっかり変わってしまいました。読むことは、もはや想像上の世界へのワクワクする冒険でも、新しい事実を発見して知識を広げることでもなくなり、つまらない「これをやらないと大変なことになる」活動になりました。ひとりで過ごす時間に、楽しみのために本を読むことはなくなってしまいました。

私の潜在意識は自由を求めていたのですが、何からの自由なのでしょう? 実際には読むことが敵だったのではありません。ただそう見えただけです。私から自由を奪うために使われる道具だったからです。私はただ、自分の自由を取り戻したかったのです。あなたの運動経験もこれと似ているのではないでしょうか? もしあなたが運動しなければならないというプレッシャーをしょっちゅう感じているのなら、あなたと運動との関係は破綻しています。社会も、減量本や減量プログラムも、運動を「ただ体を動かしたり使ったりすること」から、腹立たしいだけの仕事にしてしまいがちです。

**私が3番目に取り入れた小さな習慣は、1日に本を2ページ読むことでした。**実に簡単で、手軽で、やがて私の読むこととの関係を変えてくれました。最近ではだいたい月に1冊の割合で本を読んでいます。驚くほどの量ではないでしょうが、以前は1年に1冊読むのがせいぜいだったことを考えれば、驚くべきことです。自分が書く本のリサーチのために、数千の研究論文を読みさえしました。自由を奪われることなく、自分の好きな形で読むことができるからです。

私のこの経験のなかに、この本と、あなたが読んできたほかの「ダイエット」本との違いがあります。私はあなたに、カロリーを「燃やす」ことや「腹筋を割る」ことを日課にしろとは言いません。**あなたに取り組んでほしいのは、運動や食べ物との関係を築くこと**です。なぜなら、もしそれを変えることができれば、あなた自身の力で生活改善のための結果を引き出せるからです。自分の力で生み出された結果は、30日での目標達成を目指すダイエットプログラムを間違いなく打ちのめすでしょう。こうしたプログラムは、31日目には何をしていいのか途方にくれてしまいます。

あなたはこれまで、運動したあとで自分を誇らしく思えたことがありますか？　そもそも運動することは、私たちの体にとってはよいことずくめです。基本的にはあらゆる健康値を改善しますが、それだけでなく、よく眠れるようになり、性生活を改善し、集中力も高まり、基本のエネルギーレベルも押し上げ、爽快な気分になり（エンドルフィンが分泌されるため）、化学作用のために心地よくなり、うつや不安症の治療に使われる薬と同じような効果があります。もし運動が薬なら、記録破りの爆発的な売り上げをもたらす薬になるだろうと言った人もいました。

運動によいところがいくらあっても、あなたがどうしても運動する気になれないのなら、何の意味もありません。私が毎日1回の腕立て伏せを小さな習慣にする以前には、10年ものあいだ、どうしてもジム通いを続けられませんでした。ですから、結果が欲しいのに、どうしてもその行動をする気になれない苛立ちはよくわかります。運動するモチベーションが欠けるというのは、潜在意識の心によって決まるのだということを理解してください。そうすれば、運動の小さな習慣を利用することで、潜在意識を変えることができます。

小さな目標を立てて達成すると、それだけでもう、小さな形ながら成功を収めたことになります。あなたはこの小さな勝利をいつまでも積み重ねていけます。最後には小さな勝利がたくさん集まって大きな勝利になるでしょう。でも、欲張ってすぐに大きな勝利を得ようとして何らかの理由で失敗すると、がっかりしてしまいます。たいていの場合、最初の失敗原因はモチベーションの低下です。モチベーションは自分で完全にコントロールすることはできません。「夢を大きく」することと、その夢の達成のために必要なプランを混同してしまっているのだと思います。もし何かで成功したいと思うなら、夢は大きくして、小さな行動を繰り返していきましょう。

小さな習慣は、楽しめるという点で独特なアプローチです。あなたはこう考えるでしょう。「毎日たった1回の腕立て伏せを目標にするなんて、信じられない」、「自宅の私道の端まで歩く？　こんなことをまじめにやるの？　何をしているのか近所の人にたずねられないことを祈ろう」。目標を笑い飛ばせること自体、気持ちがずっしり重くなるこれまでのアプローチとはまったく違う点です。

小さな習慣がすべてを小さなサイズにしているのは、ルールにコントロールされていると感じないためです。**おまけをどれだけ加えてもかまわないという柔軟性が、自分の意志で行動しているという感覚をぐんと高めてくれます。**目標ではなく選択を力にしてください。勢い、モチベーション、意志の力を自分の思いのままに利用して、おまけの運動を加えていくのです。

少し休憩したいと思う日には、小さな習慣だけをこなしたら、その勝利を手にして終わりにしてかまいません。それだけでも運動についての潜在意識を変えるのに十分なのですから。頻繁に運動しているだけでなく、あなたは小さなステップを積み重ねていく習慣、あるいは、小さなステップでも前進することが重要なのだという考え方を練習していることにもなります。これが徐々に、運動するのは憂鬱だとか、大量にこなさないと効果がないという、運動についての凝り固まった考えに取って代わります。このことを、まず頭のなかで理解しておいてください。

## NEATが減量のための隠れた鍵

**専門家の多くは、減量に関しては運動より食事のほうが重要だと言います。これは短期的には本当のことです。**太りやすい食事をしていれば、いくら運動しても効果は限られているでしょう。30分のランニングで約400キロカロリーを燃焼できますが（あなたのペースと体重によります）、これはバーガーキングのチーズバーガーたった1個分です。

スポーツ選手のマイケル・フェルプス（水泳）（＊訳注……2016年に引退）とJ・J・ワット（アメリカンフットボール）は、日によっては数時間トレーニングをすることがあります。彼らにはほかにも並外れた共通点があります。2人とも、トレーニング中は1日に9000キロカロリー以上を燃焼するといわれてきました。平均的な人より3倍は多く食べるのに、彼らは太ったりしません。たき火がマシュマロを溶かすように、代謝が摂取したカロリーをすっかり燃やしてしまうからです。彼らがトレーニングで燃焼するカロリーを計算してみれば、9000キロカロリーよりかなり下の数字が出るでしょう。カロリーの多くは休憩中に燃やされるからです。代謝はカロリーよりも重要です。この2人のスポーツ選手はものすごい量を食べますが、太ることはありません。ところが、1日800キロカロリーに制限して、すぐに太ってしまう人もいます。それは、空腹状態が食欲を増し、代謝の働きを弱くするからです。

フェルプスとワットはトレーニングが日常の一部になっていますが、普通の人はそれほど極端な運動計画を取り入れる必要はありません。少しずつ今より活動的なライフスタイルにしていくことで、大きく前進することができます。あなたに学んでほしいのは、1日に7時間運動しなければならないということではなく、ライフスタイル全体が代謝を決めるということです。健康のために運動することは重要ですが、減量のためにはとくに、活動的に過ごさなければなりません。現在の私たちは、健康的なライフスタイルとは1日の23・5時間をほとんど動かずに過ごし、30分だけランニングマシンの上で走ることであるかのように考えています。ランニングマシンの上の30分はおおいに価値がありますが、それ以外の23時間30分にも同じだけの価値があります。

## 座りっきりの人の死亡率

2003年のある研究で、6歳以上の6329人の参加者に活動計測器を使ってもらいました。参加者は1日に平均13・9時間、その計測器をつけて過ごします。その結果、次のことがわかりました。「全体として、参加者は計測された時間の54・9パーセント、つまり1日に7・7時間を座った状態で過ごしていた」。1日の座っている時間は、人によって8時間から、最高で15時間という長さでした。

## 長い時間座っていることについての研究

・2014年の研究で、座っている時間が長いと、高齢の女性（参加者の9万3000人）にとって大きな健康上のリスクがあるとわかった。

・2010年の研究で、座っている時間が長いと、（12万人強の参加者の）年代にかかわらず、死亡率を上昇させ、寿命を短くすることがわかった。

・2012年に発表された別の研究で、22万2497人がアンケートに答えた。その結果、「座っている時間が長いと、身体活動とは関係なく、あらゆる理由による死亡のリスク要因になる」ことがわかった。

基本的に、これらの研究結果は、長い時間座っていることは命を縮めると言っています。それだけでなく、長く座っていると減量の機会を失うことにもなります。2005年のある研究では、やせた人10人と肥満の人10人のボランティアが、0・5秒ごとの体勢を追跡できる下着を渡されました（誰がこんなアイデアを思いついたのでしょう？）。この魔法の下着のデータから、肥満の人はやせている人より1日2・5時間も長く座っていたことがわかりました。研究者はこう言っています。「肥満の人がやせた人のNEATを高めた行動を取り入れれば、1日に350キロカロリー余計に消費できるかもしれない」

NEATとは**「非運動性活動熱産生」**のことで、**意図的な運動以外で体がカロリーを燃焼**

**する量**を表します。人はつねにエネルギーを使っています。呼吸をするときも、考えるときも、動いているときも、血液を循環させるときも、エネルギーを使います。運動以外でどのくらいエネルギーを使うかは、状況によって大きく変化します。マイケル・フェルプスやJ・J・ワットのようなスポーツ選手が休んでいるときに燃焼するカロリーは、ほかの人が運動しているときに燃焼するカロリーより多いかもしれません。

私はこの**NEATが減量のための隠れた鍵**だと思っています。小さな改善は低く評価される傾向があります。たとえば、座っているときに対して、立っているときに燃焼されるカロリーがそうです。しかし、この本のテーマは、**小さいけれど一貫した改善は、つねに予想以上の結果をもたらす**というものです。

平均的なアメリカ人労働者は、寝て、起きて、すぐに椅子に座って、そのまま丸一日を過ごします。仕事の途中で少しだけ立って過ごすような小さな変化が、代謝だけではなく、生産性にも大きな違いを生むかもしれません。

チェスター大学のジョン・バックリー教授は、座った状態と立った状態を比較しました。その結果、立っている被験者の鼓動のほうが1分につき10回多いことがわかりました。「これで1分当たり約0・7キロカロリーの違いになる」と、教授は言っています。私が計算してみたところ、これは1時間当たり42キロカロリー多く燃焼されるということで、それも立っているあいだに踊らなかった場合の数字です。立って仕事をするだけでなく、軽く運動するのであれば、ジェームズ・レヴィン博士がデスクでの活動量を増やすためのさまざまな方法を紹介しています。そうした活動を取り入れると、**「［肥満の人は］１時間に約１５０キロカロリー多く燃焼することができる」**そうです。実際の効果はこのカロリー燃焼量よりも大きいはずです。長く続けているうちに、基礎代謝を改善できるのですから。

正確に言えば、座っていること自体が問題なのではありません。ほとんどの人が座っているあいだに動いていないことが問題なのです。最近では、デスクの下に設置して、座りながらペダルをこげるデスクサイクルという運動用自転車もあります。あるいは、机の下に置いて使えるステッパーもあります。

## 仕事中のNEATのアイデア

ＮＥＡＴの活動は、わずかな時間でできるものばかりです。器具や椅子に頼ることなく、自分の体をほんの少し動かすだけで、生活を変える方法もあります。座る代わりに立っている。エレベーターの代わりに階段を使う。車を運転する代わりに歩く。どれも簡単にできることです。

最初に考えたいのは、あなたの仕事面でのライフスタイルです。なんといっても、私たちは起きている時間の多くを、仕事をして過ごしているのですから。私はライターなので、そのほとんどの時間を机に向かって過ごしています。そのため、ヴァリデスクという製品を使うことにしました。これは、今使っているデスクの上に置ける台で、立ったときの背の高さに合わせて伸ばし、また机の高さまで戻すことができます。立ったときの高さまで上げるのも、座った高さまで下げるのも、すばやく簡単に行なえます。とてもよい製品なのですが、残念ながら値段は安くはありません。

デスクで立って仕事をするための解決策に、高いお金を使う必要はありません。私が最初に立って仕事をしたいと思ったときには、デスクの上に段ボール箱を置きました。これならお金もかからず、効果は絶大です。私はノートパソコンを箱の上に置いたりデスクの上に戻したりして、座った状態と立った状態を切り替えていました。

立ったときの高さに調節できるデスクか、デスクつきのランニングマシンを買うか、あるいは自分で何かつくることを考えてもいいでしょう。注意点をひとつ。**初日に一日中立ったままでいようとは思わないでください。**翌日にきっと後悔することになりますから。**最初は1日に1、2時間から始めて、徐々に仕事時間の半分くらいにまで増やすといいでしょう。**エクササイズ用マットはとても便利ですから、それを会社に提案してみるのはどうでしょう。あなたが必要とするものを会社が提供してくれるかもしれません（最近では、そのような企業が増えています。座ってばかりいることのリスクと、立っていることで得られる生産性の向上について、驚くべき調査結果が発表されているからでしょう）。

**立っているときのアドバイス**

**スタンディング・デスクを使うときには、ひざをまっすぐ伸ばしたままにしないように。動いたり、踊ったり、重心移動をしたり、いろいろ**

**体勢を変えるようにしましょう。同じ場所に長い時間立っていることは、座ったままでいるよりはいいのですが、まったく動かずに立ちっぱなしでいるのはよくありません。**

**スタンディング・デスクの最大の長所のひとつは、デスクから離れてまた戻ってくる動作が簡単になることです。**あなたがクリエイティブな仕事をしているのなら、ものを創造するむずかしさを知っているでしょう。答えはいつも「簡単に思いつく」わけではありません。ときには一歩下がって考える必要もあります。スタンディング・デスクを使えば、あなたは文字どおりそうすることができます。このちょっとした自由にどれほど大きな力があるか、言葉では言い表せません。座っているときにも、もしかしたら同じことができるかもしれませんが、立ち上がることへのほんのちょっとした抵抗だけでも、私たちを椅子にとどめておくのに十分なのです。

私は**スタンディング・デスクを使うと、エネルギーが高まり、頭がすっきりし、努力せずに生産性が高まることがよくあります。**それ以前には経験しなかったことです。立っているあいだに生産性が増すというのは、不思議に思えるかもしれません。なぜなら、立っているとより多くのエネルギーを使うので、理論的には脳が使えるエネルギーは少なくなるはずですから。しかし、私たちの体はこうした表面的な考えとは、まるっきり異なる働きをします。座っていると代謝が悪くなり、立っていると代謝を高めます。代謝がよくなると、エネルギーも高まります。私が今この文章を書きながら、ダンスをしているのはそのためです。軽い活動は私たちをあまり疲れさせることなく、体のあらゆる機能を活性化させます。ウォーキングやジョギングをしているあいだに優れたアイデアを思いつく、と言う人が多いのもそのためです。もし全速力で走っているのなら、ほかのことはあまり考えられないでしょう。エネルギーすべてを走るという行動に向けなければなりませんから。

私は座って仕事をしようとすると、だらけた気分になり、時間を無駄にすることが多くなります。ときには椅子に座ったまま居眠りしてしまうこともあります。座ってする行動は、座ってする別の行動を生み出します。立っているときには、仕事をするモチベーションとエネルギーが、座っているときの少なくとも2倍になることに気づきました。

もしあなたが、まだどうしても仕事中に時々立つことができないのなら、**1時間おきか30分おきにアラームかチャイムが鳴るようにセットしておいて、それを合図に立ち上がって歩き回るようにする**といいでしょう。ジャンピングジャック、腕立て伏せ、歩いて行ったり来たりなどをしてもいいですし、即席のダンスを踊って近くにいる人を楽しませるのでもかまいません。2、3秒もあれば、あなたの眠っている代謝を休息状態から目覚めさせるのに十分です。これはシンプルで簡単な行動ですが、あなどれない効果があります。

どれだけ達成しても、目標はあなたが一日のほとんどを動かない状態で過ごす状況を避けることです。これを最優先にしてください。なぜなら、これはあなたの健康にとっても重要ですし、体重を減らすためにも役立つかもしれないからです。**私が座っていることの多い仕事をしながらでも活動的でいられる理由のひとつは、一日中音楽を聴いているのが好きで、**

**よく音楽に合わせて踊っているから**です。

## 高強度インターバルトレーニング（HIIT）を始めるべきなのか？

人生ではじめてシアトルに引っ越したあと、私はおなかや脇腹あたりにかなりの脂肪がついてしまいました（減量に関する本を書いているあいだに自分が太るというのは、私の計画にはなかったことです）。この脂肪太りは本当に奇妙だ、と思いました。シアトルに移ってきてから、これまでの人生ではなかったほどジムに通っていたからです。しかし、筋肉を増やそうと思って、たくさん食べるようにもしていました。たくさん食べることに加えて、記憶に残っているかぎりではこれまでになく長く、定期的にバスケットボールをする習慣を中断してしまっていました。

私はすでに運動の習慣が身についていて、今回は体脂肪を減らすことが目標になったので、ほかの誰もが脂肪を減らそうとするときに考える問いかけをしました。どんな運動をすべきなのだろう？　持久力に集中するのか、ウエイトをあげ続けるのか、それとも、**高強度インターバルトレーニング（HIIT）**を始めるべきなのか？

すべての運動が減量向きというわけではありません。そして、もっとも人気のある運動がもっとも効果が少ないかもしれません。新しい減量プランを始めるとき、たいていの人は最初に何をするでしょう？　持久性トレーニングのためにランニングマシンに乗るのではないでしょうか。しかし、このタイプの**中強度の運動は、脂肪を減らすには優れた方法ではないことがわかってきました。**

1989年のある研究は、男性18人と女性9人がマラソンの準備として18カ月のトレーニングを受けたあとの体の組成に注目しました。1年後の段階で、男性の体脂肪は2・4キロ減りましたが、女性は変わりませんでした。1年半も走り続けて体脂肪がまったく減らないなんて、想像できますか？　これではとても勇気づけは得られないでしょう。

運動生理学者のメアリー・ケネディは、64人のマラソン選手を対象に予備実験を行ないました。トレーニング前後の体重を比較するというものです。トレーニング内容は、1週間に4日のランニングを3カ月続けるというものでした。参加者の11パーセントは体重が増え、11パーセントは減り、78パーセントは変化なしでした。このことから、マラソンのトレーニングは減量には何の効果もないことがわかります。

彼らは時間を無駄にしていたのでしょうか？　そんなことはありません。運動をすると、脂肪を減らすよりもっと多くの効果が得られます。しかし、もし脂肪を減らすことがあなたの目標なら、ハムスターの回し車の人間版のような機械の上で、軽度のスピードで走るよりも、もっと適した運動があります。

研究結果から、HIITがとくに腹部の脂肪を燃やすには最適の運動であることがわかっています。とすれば、どうも私のおなか周りの脂肪は、バスケットボールをやめたことが原因だったようです。**バスケットボールはHIITと似ていて、全力疾走する時間とアクティ**

**ブ・レスト（積極的休養）の時間が交互にやってきます。**

一般的なルールとして、もしあなたが高強度の激しい運動に対応できるなら――ほぼ誰でも何らかの形のＨＩＩＴに対応できます――中強度の有酸素運動よりもＨＩＩＴを選んでください。研究結果から、**高強度の運動（全速力で走るような、激しい運動）は脂肪、とくにおなか周りの脂肪の燃焼にとても効果がある**ことがわかっています。

15週間のＨＩＩＴプログラムを20週間の持久性トレーニング（ＥＴ）プログラムと比べたところ、**「ＨＩＩＴプログラムはＥＴプログラムよりも、皮下脂肪の減少に大きな効果が見られる」**ことがわかりました。違いはかなり大きなものでした。「ＨＩＩＴプログラムによる皮下脂肪６カ所の総量の減少は、ＥＴプログラムによるものより９倍大きかった」そうです。もし少ない時間、少ないエネルギー消費で９倍の結果を出せるのなら、こちらを選ぶのでは？　ＨＩＩＴはＥＴの半分以下のメガジュール（エネルギーの測定単位）の消費量で、９倍も脂肪を減少させせました。これは実際には、同じエネルギー消費量でＥＴよりも18倍も効果的に脂肪を燃焼させるということです。なんてすばらしい！

別の研究では、45人の女性を３つのグループに分けました。定常運動をするグループ、高強度の運動をするグループ、そして特別な運動をしないグループです。どのグループも心臓血管の健康値が改善しました。「しかし、高強度運動のグループだけに、総体重（ＴＢＭ）、脂肪量（ＦＭ）、体幹部脂肪、空腹時血漿インスリン値の大幅な減少が見られた」といいます。

まだ納得できませんか？（私は十分に納得できますが）。次の研究にはもっと驚かされるかもしれません。男女10人ずつの参加者がふたつのグループに分けられました。一方のグループは週に3回、ランニングマシンで30～60分走りました。もう一方のグループは週に3日、30秒のスプリントを4回から6回行ない（合わせても2～3分の運動時間です）、スプリントのあいだに4分の回復時間をとりました。ランニングマシンのグループは脂肪が5・8パーセント減りましたが、スプリントとインターバルのグループは12・4パーセントも減りました。運動時間はずっと少ないのに、最初のグループの倍以上減ったことになります。もうひとつの小規模な研究では、高強度インターバルトレーニングが、男性参加者の食欲を減退させることがわかりました。

最後に、グーグルで「スプリンターの体とマラソンランナーの体（sprinter body vs. marathon body）」を検索し、両方のアスリートの体の違いを見てください。一般に短距離走者は男性も女性も、マラソン走者より筋肉が多くついています。マラソン走者はやせていて、弱々しく見えることさえあります。スプリントのような短い時間で行なう高強度運動は、筋肉を減らすことなく体脂肪を燃やします。

## 高強度運動の注意点とは？

**1．高強度運動の安全性を考える。** まるで医薬品のＣＭのようですが、高強度運動については主治医と相談してから始めてください。とくに健康面で何か疑いがあるか、持病があるのなら、そうすべきです。問題なくできるのであれば、高強度運動は定常運動よりも心臓機能と心臓保護機能を高めることがわかっています。しかし、「影響を受けやすい人には突然心臓死や心筋梗塞のリスクを一時的に高めることがある」とされています。この最後の点については、不安を和らげてくれるデータもいくつかあります。

ある研究で、何らかの運動をしている4846人の冠動脈心疾患患者を追跡しました。定常運動をした12万9456時間のあいだに心停止が起こったのは、たった1例でした。高強度運動をした4万6364時間のあいだに心停止が起こったのは2例でした。どちらの発生率も極端に低いとわかりますが、高強度の運動のほうがわずかに高いという結果です。発生率は心停止のリスクがもっとも高い、心臓病の患者のあいだでも変わりませんでした。高強度運動は心臓の健康と減量に大きな効果があり、心臓病患者のあいだでもリスクは低いので、大概はより優れた選択といえます。

**2．運動の最大の利点は体脂肪を減らせることではない。**体脂肪が減るのは健康な生活を送ることから得られる二次的な効果です。脂肪が減ることで魅力的に見えるのは、健康でいることが魅力的だからです。しかし、健康であることの恵みは、魅力的に見えることや体重が減ることだけではありません。もし体重計の数字と鏡のなかの自分のおなか周りにばかり注目するとしたら、最初のうちは結果が見えないことにがっかりすると思います。体が変化するには時間がかかります。継続的に取り組みさえすれば、結果は必ずついてきます。私たちはこれを、小さな習慣を使った賢い方法で行ない、モチベーションのあるなしにかかわらず、あなたが道に迷わないようにします。それでも、もし疑いを持ってしまったときには、ここに書いてあることを思い出してください。

**3．高強度運動には回復時間が必要。**高強度運動のやりすぎには注意してください。けがでもすれば、計画が後退してしまいます。たくさんすることは、必ずしもよいことではありません。

**4．高強度運動は毎日行なうものではない**（あなたがすでに一流アスリートでないかぎり）。ここまでに紹介した研究結果から、生活を変化させるための運動にそれほど多くの時間は必要ないことがわかったと思います。そして、もうひとつ、うれしいお知らせがあります。それは、太りすぎの人ほど運動によって大きな結果が得られる、ということです。

**5．高強度運動はやめたあとも体の機能を活性化させる。**もしＨＩＩＴの効果が運動中だけに得られるのであれば、定常運動より劣るという研究結果が出るはずです。実際には、はるかに優れているという結果なので、それは運動をやめたあとの効果のためということです。

私は自分の住むアパートで、**階段を使ったインターバルトレーニングをしてきました**（余計な話ですが、私のアパートでは階段を使う人がほとんどいません。みんなエレベーターを使います）。階段のいちばん下から、できるだけ全速力で階段を駆け上がり、今度は呼吸を整えられるくらいのペースで下り、「アクティブ・レスト」の時間にします。とっておきの小道具として、私は携帯電話で映画『ロッキー』のテーマソングをかけ、それを階段のいちばん上に置いておきます。下から駆け上がってきてだんだんつらくなってきたときに、この音楽が聞こえて勇気づけてくれるのです！

ある日、階段でのこのインターバルトレーニングを終えたあとも、10分くらいは「活動的な汗」をかき続けていました。シャワーを浴びたあとでも、まだ汗が止まりません。私の体はまだ運動状態だったからです。ある研究で、これが脂肪の酸化による「再燃焼」効果だとわかりました。**「低強度の運動は、運動中に多くの脂質が使われるが、高強度の運動の場合は、終えたあとのほうが多くの脂質が使われる」**そうです。

結論を言うと、脂肪を減らすために運動するときには、時間ではなく強度を重視してください。**自分なりのHIITプログラムは簡単につくることができます。基本的には全力で15秒から60秒の運動をしたあとに1分から5分休むことを繰り返します。**

ランニングマシンを使いたいのであれば、たいていのマシンにインターバル設定の機能があります。私がランニングマシンやエアロバイクを使うときには、スピードをマニュアルで調整するようにしています。ジムにテレビがあるのなら、インターバルの時間をテレビやゲームで楽しむのもおすすめです。**30分番組でCMの時間が合わせて5分から7分になるとすれば、それをインターバルにするのもよいアイデアです。**インターバルの時間がお楽しみの時間にもなり、ご褒美までもらえた気分になるでしょう。この方法は、私自身も使って楽しんでいます。また、友人と一緒に、CMのあいだに「カール・チャレンジ」をしたこともあります。比較的軽いウエイトの上げ下げをCMのあいだだけ続けるというものです。

インターネットで検索すれば、**高強度トレーニングのアイデアが見つかります。「HIITトレーニング」や「インターバルトレーニング」で検索して、楽しいアイデアを見つけてください。**

## ウォーキングを基本の活動に取り入れる

**ウォーキングは運動としてとても優れています。**人間の体を見れば、私たちの体が歩くようにできているのが簡単にわかるはずです。かつては、歩くことは生きるために必要なことでした。その後、人間はあまり歩かなくてもすむような生活を発達させてきました。しかし、これほど体によい活動をやめてしまうのはもったいないことです。

効果的で、不安のない運動から始めたいのであれば、ウォーキングは明らかな勝者です。たいていの運動は食欲を増すとされていますが、ある研究で、**ウォーキングによるエネルギー消費は、食欲の増加につながらないという結果が出ました。**「自主的なペースでの短時間のきびきびしたウォーキングは、適度のエネルギー不足を引き起こすにもかかわらず、アシル化グレリン、食欲、エネルギー摂取量を補おうとする反応を誘発しない。この発見は、早歩きが体重管理に効果的であるという説を支持するものである」

**全米体重管理登録簿によれば、長期的に減量に成功している人たちのあいだでは、運動としてウォーキングを取り入れているという報告がもっとも多かった**そうです。ついでながら言うと、私はたくさん歩くことで、筋力トレーニングをしたときよりも、おなか周りがすっきりしました。**私が強くすすめたいのは、ウォーキングをあなたの「基本の」活動にして、HIITをおまけとして加えることです。**このふたつを組み合わせ、**一定量歩いたあとで、時々ランニングをしたり全速力で走ったりしてもいいでしょう。**これがでたらめなやり方に聞こえることはわかっていますが、決まったルーティンをこなすのは、運動習慣がしっかり身についている人たちのやり方です。

もしあなたがまだ運動をするのはむずかしいと感じている段階なら、計画的で「完璧なトレーニング」を継続的に行なうのはハードルが高すぎます。それよりも、**「私道の端まで歩いていき、気が向けば歩き続け、その気になったら途中でインターバルのスプリントを入れる」のような、思いつきのプランを考えてみるといい**でしょう。むずかしさは、あなたに合わせていくらでも調整できます。つまり、調子の出ない「オフ」の日でも、やりたくないという理由がほとんど見つからないくらい、簡単にできるということです。

## 筋力トレーニングはどう考えればいいのか？

**筋トレは、引き締まった筋肉を増やすのに最適な方法**です。これは多くの理由で非常に好ましいことですが、減量との関係についてはあまり研究されてきませんでした。どれだけ筋肉が増えると代謝が上がるのかについての理論はたくさんありますが、ある研究で、**有酸素運動のほうが減量に優れている**という結果が出ました。筋トレは脂肪の減少につながらなかったからです（引き締まった筋肉の増加にはつながりました）。最初のうちは、**ウォーキングと有酸素運動（HIIT）から始めることをすすめます**。投資した時間とエネルギーに対する当初の報酬が大きいからです。

とは言うものの、**筋トレは毎日の生活には有酸素運動より役に立ちます。姿勢を整え、何であれ活動的なことのパフォーマンスを改善し、体の弱さからくる痛みを和らげたり、けがからの回復を助けたりもします**（理学療法の考え方です）。ですから、筋トレを完全には除外しないでください。ウエイトが重くなるとともに自分が強くなっていくのがわかるのは、気分がよいものです。運動を楽しめるようになれば、筋トレも大好きになるでしょう。

## 運動に関する「小さな習慣」

これまで運動を継続できたためしがないという方は、運動に関する小さな習慣を試してみるべきです。これから紹介するのは、あなたが取り入れられる小さな習慣のほんの数例です。アイデアは間違いなくもっとたくさんあります。小さな習慣のほとんどは、数分、数時間ではなく、数秒しかかかりません。小さな習慣は運動を楽しく、いつでもできるものにします。ほかのほぼすべての運動プログラムのように、怖気づかせることはありません。

**運動に関する小さな習慣**

- 腕立て伏せ1回
- 懸垂1回
- 腹筋1回
- ジャンピングジャック10回
- 30秒足踏みをする
- ランニングマシンで30秒走る
- 1曲分踊る
- 階段を1階分上がって下りる
- 自宅の私道の端まで、あるいは郵便受けまで歩く
- ジム用の服を着る（冗談ではありません）
- ジム用の服を着て、腕立て伏せを1回する（ほかの運動でも可）
- ジムまで「行く」。特定の運動プランは考えなくていい（切り捨てる前にどうか試してみてください）

・30秒の高強度インターバル運動をする（全力のスプリント、階段の上り下り、足踏みなど。足踏みでいいのですから、どこにいてもできます）。あるいは、中強度の運動を30秒でもかまいません。
・運動ビデオの再生ボタンを押す（あるいは運動ビデオを30秒見る）
・2時間おきに立って仕事をする（スタンディング・デスクがある場合）。机の高さが変えられないときは、1時間おきに立ち上がって代謝を目覚めさせる

## 運動に関する小さな習慣の「おまけ」
### ――同じ運動をもっとやるか、別の運動をもっとやる。

バリエーションがいろいろあることに気づいたと思います。ジム用の服を着る、ジム用の服を着て何かの運動をする、ジムまで「行く」などがそうです。人によっては、運動着に着替えないまま運動すると、おまけまでこなすことがなくなります。仕事用の服で運動をしたくないからです。「ジム用の服を着る」という小さな習慣があるのはそのためです。それだけで運動プロセスを始めるのに十分かもしれません。プロセスを始動させるためには運動を始める必要があるけれど、運動着にならなければできないという人もいます。その場合、理想的な小さな習慣は、「ジム用の服を着て、腕立て伏せを1回する」などになるでしょう。反対に、「腕立て伏せ1回」タイプの小さな習慣でうまくいく人もいます。私は毎日1回の

腕立て伏せから始め、今ではジムまで「行く」ことを目指し、本当にうまくいっています。

第2部

減量のための計画づくり

# 第8章

# 小さな習慣プラン

「むずかしいことは簡単なうちに、大きなことは小さなうちにするのがよい。千里の道も一歩から始まる」

——老子

## 食べ物と運動に関する「小さな習慣」のアイデア

それでは、ここまでに学んだことをもとに、あなたのライフスタイルにぴったり合う計画づくりに入りましょう。まず、前章までで紹介した小さな習慣のアイデアをまとめておきます。

### 食べ物に関する小さな習慣

・果物を1サービング食べる（増やす）
・生野菜を1サービング食べる（増やす）
・体によい食べ物へ、何かひとつ小さな改善（アップグレード）をする
・自宅で健康的な食事を1回つくる
・グラス1杯の水を飲む
・一口30回噛む

### 運動に関する小さな習慣

・腕立て伏せ1回
・懸垂1回
・腹筋1回
・ジャンピングジャック10回
・1分間足踏みをする
・ランニングマシンで1分走る
・1曲分踊る
・階段を1階分上がって下りる
・自宅の私道の端まで、あるいは郵便受けまで歩く
・ジム用の服を着る（冗談ではありません）
・ジム用の服を着て、腕立て伏せを1回する（ほかの運動でも可）
・ジムまで「行く」。特定の運動プランは考えなくていい（切り捨てる前にどうか試してみてください）
・30秒の高強度インターバル運動をする（全力のスプリント、階段の上り下り、足踏みなど。足踏みでいいのですから、どこにいてもできます）。あるいは、中強度の運動を30秒でもかまいません
・運動ビデオの再生ボタンを押す（あるいは運動ビデオを30秒見る）
・2時間おきに立って仕事をする（スタンディング・デスクがある場合）。机の高さが変え

**られないときは、1時間おきに立ち上がって代謝を目覚めさせる。スタンディング・デスクを使うときには、時間を決めるのではなく、「仕事をするためにほんの一瞬でも立つ」にしておいたほうがやりやすいとわかりました。その後、音楽をかけて仕事時間を楽しめるようにします**

## 小さな習慣の合図は、どうすればいいのか?

**習慣の合図とは、あなたにその行動をするきっかけを与えるものです。**たとえば、ギターの練習を習慣にしたいと思っている人は、**「毎日午後7時30分にギターの練習をする」**と決めるかもしれません。合図は午後7時30分という時刻です。

ここで、よいお知らせがあります。減量は大変な取り組みですが、優れた食習慣を築くことに関しては、他の行動よりもかなり有利な点があります。食事そのものが合図になるということです。たとえば、運動に関する小さな習慣が腕立て伏せ1回であれば、午後6時に行なう(時間の合図)、シャワーの前に行なう(行動の合図)、あるいは一日のいつ行なってもいい(合図なしのフリースタイル)などと決めることができます。これに対して、食事はその行動をとるのが食事のときと決まっていますから、あなたの小さな習慣は食事のたびに行なうものになります(つまり、食事に関する小さな習慣の合図は、食事そのものです)。

したがって、**食事に関する小さな習慣はすべて、行動ベースの合図となります。**例外は、あなたが自分のすべての習慣を合図なしのフリースタイルにすると決めた場合です。その場合には、一日のどの時間でも、小さな習慣を行なうことができます。

私の小さな習慣はどれも、**「就寝前であればどの時間に行なってもいい」という柔軟性のあるもの**です。それは、**私が文字どおりスケジュールに縛られたくない人間だからです**。計画的に物事を行なうことはめったにありません。あれこれ予定を入れることはしません。私にとってほとんど毎日がフリースタイルで、それでうまくいっているので満足しています。このライフスタイルは、たとえば旅行なども直前に決めることができます。私にとっては、スケジュールが何も決まっていないことが自由なのです（これは人類にとっていつの時代も変わらない基本的な欲求ですよね）。

私がこの話をする理由を教えましょう。**たいていの自己啓発本は私のようなタイプの人間を無視しています。あるいは、特定のタイプに当てはまるように自分を変えなさいとアドバイスしてきます。**そのような生き方にもよい点はあると思いますが、私の生き方にも、それ以外の生き方にも、それぞれよい点はあると思います。自己啓発本が教える間違った方法を選ぶと、あなたは無理をしてでもそれに自分を合わせようとしてしまいます。本書では、どんなライフスタイルの人でも使えるような、十分に柔軟性のある賢いプランを紹介します。

**小さな習慣を始める合図は、次の3種類から選びます。行動ベースのもの、時間ベースのもの、そして、「就寝までならいつでもＯＫ」のフリースタイルです。**もしあなたがスケジュールを決めて一日を過ごすタイプなら、時間または行動ベースの合図が向いているでしょう。スケジュールに縛られない自由なライフスタイルを送っているのなら、柔軟なフリースタイルが気に入るでしょう。おそらく、スケジュールで動くタイプの人は、活動の合間に小さな運動をひねり込む時間を見つけるのが楽しくなっていくでしょう。一方、時間を自由に使っている人は、小さな習慣をスケジュールに組み込むことで、生活が少しだけ規則正しくなるのを楽しく感じるでしょう。これから紹介する合図はどれもうまくいきますが、**必ず小さな習慣ごとに合図を選ぶようにしてください**。ただし、食事だけは別です。これについてはのちほど説明します。

**行動ベースの合図——あなたが毎日決まって行なう活動を合図に使います。**行動ベースの小さな習慣の例を4つ挙げておきましょう。**職場に着いたら果物を1サービング食べる。最初の休憩時間に野菜を1サービング食べる。仕事を終えて帰宅したらグラス1杯の水を飲む。仕事の合間に軽食をとるときに一口30回噛む。**

**時間ベースの合図——時間ベースの行動は、決められたスケジュールどおりに生活し、どの時間にも予定が組み込まれているときにうまくいきます。**時間ベースの小さな習慣の例としては、午後3時15分に体によい軽食をとる、午後6時に水を1杯飲む、午後7時に器1杯分の果物を食べる、などがあります。

**一日のどこかで行なうフリースタイルプラン（合図なし）**――一日の終わりまでなら、いつ行なってもかまいません。このスタイルは柔軟性がありますが、ほんの少し意識する必要があります。あらかじめ決めておいた合図に従うのではなく、一日のいつそれをするのかを自分で選ばなければならないからです。フリースタイルの小さな習慣の例を4つ挙げておきましょう。就寝するまでに果物を1サービング食べる。**就寝するまでに生野菜を1サービング食べる。一日のどの食事でもかまわないので一口30回噛む。就寝するまでにグラス1杯の水を飲む。**

通常は、習慣にまで発展させられるのは時間ベースか行動ベースの合図で行なう活動だけですが、小さな習慣は本当にちょっとした活動で簡単に行なえますから、特別な合図を必要としません。

**柔軟なフリースタイルの有利な点は、力を分散できることです。**合図を1本1本の根だと考えてみてください。あなたはひとつの習慣のために非常に力強い1本の根を育てることができます。あるいは、もっと弱い根をたくさん育てることもできます。複数の根を持つ習慣は、それぞれは弱い根ですが、まとめると1本の根からできる習慣よりも丈夫になります。

私は毎日文章を書きますが、特定の時間を決めていません。ほぼ毎日運動をしますが、スケジュールを決めてはいません。たくさんの引き金が私に行動を促します。以上の3つの合図からどれかを選ぶときに役立つように、それぞれの合図の長所と短所をまとめておきましょう。

それぞれの合図はさまざまな分類ごとに5段階で評価されています。「5」が最大です。分類項目の意味を説明しておきましょう。

**1．柔軟性――いつその小さな習慣をするかを、どれだけ自由に決められるか。**

**2．思い出しやすさ――その合図が小さな習慣をすることを思い出しやすいか。**時間ベースの合図は、特定の時間に小さな習慣を終えなければならないため、柔軟性がありません。でも、思い出しやすいのは確かです。カレンダーに書き込んだり、携帯電

## それぞれの「合図」の長所と5段階評価

| 長所 | 合図 | | |
|---|---|---|---|
| | 時間（午後4時ちょうど） | 行動（朝食後） | フリースタイル（就寝までならいつでも） |
| ❶柔軟性 | 1 | 2 | 5 |
| ❷思い出しやすさ | 5 | 4 | 2 |
| ❸習慣化にかかる時間 | 5 | 5 | 1 |
| ❹「決して失敗しない」 | 2 | 3 | 4 |
| ❺おまけ | 3 | 3 | 3 |
| ❻複数の習慣 | 3 | 4 | 5 |
| 必要なこと | 規律、信頼できるリマインダー | 行動の引き金を意識する | マインドフルネス、小さな習慣を身につけることに集中する気持ち |

話の機能でリマインダーを設定しておいたりもできるからです。フリースタイルプランは具体的なひとつだけの合図がありません。つまり、もっとも忘れやすいものですが、どの合図にもリマインダーを使うことはできます。フリースタイルで行なう小さな習慣の合図としては、枕の上にペンを置いておけば、眠る前に小さな習慣をするのを思い出せるでしょう（食べ物に関する小さな習慣であれば、もっとよい方法は冷蔵庫にメモを貼っておくことです）。

**3．習慣化にかかる時間**——**あなたの行動が習慣化のための神経経路を形成する速さ。行動ベース、時間ベースの合図のほうが、早く習慣になります。**それは、脳が認識するパターンがひとつだけだからです。フリースタイルを選ぶと、複数の合図ができるかもしれません。複数の行動パターンがあると、脳がそれを習慣にするまでにもっと長い時間がかかります。フリースタイルは意図することなく身につく自然な習慣のように生活に組み込まれます。たばこを吸う人は、毎日午前11時に吸おうと決めるわけではありません。何かの引き金（複数の合図）のあとに吸いたい気持ちになります。悪い習慣を断ち切るのがむずかしいのは、複数の合図があるからです。同じように、よい習慣に複数の合図があれば、ひとつの合図に頼らないため、生活にしっかり根づきやすくなります。

**4．「決して失敗しない」**——**小さな習慣を毎日うまくこなせるか、つまり、どれだけ成功率が高いか。これは、時間ベースの合図を使うときがいちばんむずかしくなります。**午後2時の合図を見すごしたら、それで失敗したことになってしまいますから。頻繁に合図があれば、一日中成功することができます。たとえそれがベッドに入る直前であっても、成功は成功です。とは言え、時間ベースの合図がいつも達成に苦労するわけではありません。フリースタイルと比べればむずかしいというだけです。

**5．おまけ——最低限の小さな習慣よりも多くこなすこと。これについてはどの合図も同じです。**

**6．複数の習慣——それぞれの合図が複数の習慣をどれほど楽にこなせるか。どの合図でも複数の習慣に対応できますが、ここではフリースタイルが有利**です。あなたの一日の流れにうまく合わせることができますから。

ベストなプランは、あなたのためになり、魅力を感じられるものです。私の小さな習慣はすべて、フリースタイルを使っています。それがスケジュールに縛られない私のライフスタイルに合っているからです。あなたはまだ、どのスタイルが自分向きなのかわからないかもしれません。ですから実験を恐れないでください。また、合図を組み合わせることもできます。たとえば、毎日少なくともグラス1杯の水を飲むこと（フリースタイル）、夕食で野菜を1サービング食べること（行動ベース）、午後3時15分に生のニンジンを食べること（時間ベース）の3つを目標にすることもできます。小さな習慣のすべてに同じタイプの合図を使うほうがシンプルですが、ただひとつ「ルール」があるとすれば、それは自分にいちばん合う方法を見つけることです。

## 5つの食事プランの中からひとつだけ選ぶ

ここで紹介する食事プランはすべて行動ベースの合図（食事そのもの）を使ったもので、食事ごとに異なる目標を決めていきます。生活を変えるという、これまでに説明してきたコンセプトに従ったものですが、実行する方法は誰でも使いやすいように柔軟性を持たせてあります。

次の5つのプランの中から、必ずどれか「ひとつ」だけを選んでください。それぞれまったく異なる選択肢であり、チェックリストではありません。あなたがいつ、どのように、食べ物に関する自分の小さな習慣をこなすかを思い出すためのテーマだと考えてください。どれかひとつ選んだら、合図のどれかを使って、前章で紹介した運動に関する小さな習慣をひとつ加えることを忘れないでください。

### ❶食事をアップグレードするプラン

私のお気に入りのこのプランは、食事のたびに何かひとつ健康的な「アップグレード」をするというものです。つまり、体によくないファストフードを食べたとしても、自分で思っているほどの失敗にはなりません。一口ごとに30回噛む、炭酸飲料の代わりに水を飲む、食べる前に水を1杯飲む、ロールパンの代わりにレタスラップにする、フライドポテトではなくもっとヘルシーなつけ合わせにする、などから選ぶことができます。どんなことが健康的なアップグレードになるかを決めるときには、自分のそれまでの行動を基準にしてください。すでに水を飲む習慣があるのならすばらしいことですが、その場合は水を飲んでもアップグレードにはなりません。

このプランの強みは、自分のしたことを記録しておく必要がないということです。毎回の食事が、いつもの食べ方よりも健康的なちょっとした「アップグレード」を行なうための合図となります。

**このプランの「おまけ」（おまけはつねにオプションです）――アップグレードの数は好きなだけ増やせます。1回の食事で健康によいものだけを食べるという大きなアップグレードも可能です。**

**このプランを選ぶと、食べるときにはいつも、何か小さなアップグレードになるものがないかを探すようになります。**おそらくそれが、減量のためにはもっとも大事な習慣です。ただし、食事の前に水を飲む、特定の果物や野菜を食べる、のような決まった習慣を身につける可能性は低くなるでしょう。食事ごとにアップグレードの内容が変わるからです。

旅行のあいだには、このプランは優れた選択になるでしょう。完全に柔軟性があり、食習慣をつねに意識するようになるからです。

## ❷食事の砦プラン

**このプランは、一日のうち1回の食事をターゲットにします。すべての努力は1回の食事に向けられます。**それ以外の食事では何を食べてもかまいません。このプランを選ぶのなら、まず朝食から始めるのがいいでしょう。**いつもの食事を果物や野菜に変える、または果物や野菜を加える、一口30回以上噛む、食事前か食事中に水を飲む、などのすべての小さな習慣を、この1回の食事のときに集中的に行ないます。**自分が健康によいものを食べている、よく噛んでいる、かなり長期間、朝食に水を飲んでいると思えたら、昼食に移ることができます。ただし、少なくとも2カ月は朝食で続けることをすすめます。なぜなら、あまりに早く、朝食での行動が習慣になる前に昼食に移ってしまうと、急いでたくさんのことを詰め込みすぎるリスクがあるからです。すべてのダイエット経験者が、その方法が最終的には失敗に終わることを知っています。

**これを砦プランと呼ぶのは、1回の食事が健康的なライフスタイルを送るための最後の砦となるからです。**1回の食事の仕方を永久に変えることができれば、同じことがすべての食事にできるはずです。これまでの小さな習慣の取り組みとは少し異なりますが、この方法も毎日少しずつ進歩していくもので、健康的な生活の基礎を築いていきます。最初に朝食を選ぶのがいちばんいいのは、一日をどう始めるかが、一日の終え方にも大きく影響するからです。毎日を健康的な食事から始めることで、「何を食べてもいい」はずの昼食や夕食にも、影響を与えるかもしれません。すべての食事を完璧にしなければならないというプレッシャーがないため、朝食での成功は続けやすいといえます。

**小さな砦の例**――**朝起きてから朝食までのあいだに水をグラス1杯飲む。朝食で果物か野菜を食べる。朝食で一口30回噛む。昼食と夕食では何を食べてもいい。軽い朝食として、プレーンヨーグルトと果物を食べる（シリアルと同じくらい手早く用意できますが、より健康的です）。料理する時間があるのなら、卵とホウレンソウを食べるなど、朝食全体をヘルシーな内容にすることを考えてもいいでしょう。**

## ❸2×2の食事プラン

**このプランでは、1日に2回の食事を選んで次のことをします。健康によい食べ物を食べる**（たいていは野菜か果物）。そして、**食事に関していつもと違うことをひとつする**（食事前にグラス1杯の水を飲む、噛んだ回数を数える、腹八分目にとどめるなど）。つまり1日の食事のうち2回の食事で、体によいものをひとつ食べ、**何かプラスになることをひとつす**

るということです。

**2回の食事でふたつの小さな習慣ですから、合わせて4つの小さな習慣になります。運動に関する小さな習慣を加えると、合わせて5つの小さな習慣**です。これをすると、私がこれまで言ってきた、最大4つの小さな習慣を超えることになりますが、このプランに関しては、こなせる人がいると思っています。5つのうちふたつは新しい行動というよりは、行動を変えるという習慣なので、ほとんどの小さな習慣よりは簡単にできるからです。もしこのプランを選んで苦労するようなら、おそらく5つの小さな習慣はあなたには多すぎるということです。

**ふたつの習慣の組み合わせ例**――**朝食でグラス1杯の水を飲み、グレープフルーツを食べる。夕食で一口30回噛み、副菜としてサラダを食べる。**

これは柔軟性のあるアプローチといえます。食事ごとに特定の食べ物を食べるとか、いつもと違う行動として何をするかを決める必要がないからです。このようなアプローチなら、いつもより柔軟性が求められる旅行のあいだにも使うことができるでしょう。

### ❹一途に打ち込むプラン

このプランはシンプルで、思い出すのも簡単です。食事ごとに、あなたが選んだ同じ小さな習慣を行ないます。たとえば、メインの飲み物として、すべての食事の前か食事中にグラス1杯の水を飲むことにしてもいいでしょう。炭酸飲料の代わりに水を飲むだけでも、体重と健康に大きな効果があります。もうひとつの例として、食事ごとに副菜として野菜を食べる、あるいは好物の野菜があるのなら、特定の野菜を食べる、というものでもかまいません（ただし、毎回手に入れることが課題になりますが）。このプランはひとつだけ特定の行動を選ぶため、柔軟性には欠けます。レストランでの食事で、あなたの選んだ野菜がメニューにないときなど、決めたとおりにできない場合には、それを埋め合わせる行動を選ぶようにします。

**一途プランの例**——**毎回の食事で、飲み物は水だけにする**（1日に3回食事をするのであれば、3つの小さな習慣としてカウントされます）。

## ❺柔軟なミニプラン

**これは、食事プランをつくらないプランです。その代わりに、小さな習慣をいつするかを選びます。**果物を食べることでも、何かひとつ健康的なアップグレードをすることでもかまいません。このプランでは、小さな習慣のすべてを1回の食事で行なってもいいですし、別の日には朝食のときにふたつ、昼食のときにひとつ行なうこともできます。ほかの組み合わせも可能です。食事と食事のあいだにやるのもオーケーです。ただ、私たちが食べるものの大部分は、食事のときに食べていますから、このプランを選ぶにしても、私ならやはり食事を優先するように心がけると思います。

たとえば、あなたが食べ物に関する小さな習慣を3つ選ぶとしましょう。健康的なアップグレードをひとつ、果物を1サービング食べること、一口30回噛むことです。日曜日には、いつものシリアルと牛乳の代わりに、ヨーグルトにブルーベリー、バナナ、イチゴを加えたものを食べます。ヨーグルトは牛乳に対する「小さなアップグレード」です（ヨーグルトには体によい菌が含まれ、内臓の健康のために効果的です）。そして、果物を数サービング食べれば、毎日の果物摂取の目標をおまけつきで達成することができます。これで3つのうちふたつ。昼食にはファストフードを食べます。夕食にはステーキとポテトを食べますが、一口30回噛みます（ステーキはもう少し噛む回数を増やします）。これが3つめ。小さな習慣をすべて達成したことになります。

## 食事プランについて最後に一言

**食事プランは必ず一度にひとつだけ選んでください。**旅行中には別のプランを選ぶこともできますが、それ以外は、ひとつのプランを続けること。これであなたの脳が変わり、あなたのこれからの一生を変える、よりよい習慣を身につけることにつながります。

**ここで選んだプランは、減量のための食べ物に関するプランの核となるものです。**しかし、ほかにも運動、軽食のとり方、瞑想など、食事以外の小さな習慣があります。これらを忘れてはいけません！　私がすすめたいのは、食事プランに運動に関する小さな習慣をひとつ加えることです。シンプルに保つため、そして、「健康的な生活への相乗効果」のために、食事を運動に関する小さな習慣の合図として使うことを考えてもいいでしょう（たとえば、夕食前に腕立て伏せを1回するなど）。運動は食事前に行なうことをすすめます。食後すぐに運動をして楽しい経験になることはめったにありませんから。

**もしこれらのプランが「十分」ではないと思うなら、それはおそらく、あなたがまだ食事をダイエットという側面から考えているから**です。そして、本物の長期的な変化の力を信用していないからです。こう考えてみてください。健康的な食習慣を身につければ、それを努力せずに行なえるようになります。それが減量のための基礎になります。たいていの人は、この方法があまりに地味なので、その力をみくびっています。ダイエットが失敗するのは、一度にたくさんのことを自分に求めすぎて、脳と体がついていけないからです。小さな習慣プランなら変化が適量なので、自分でも気づかないうちに強くなれます。

ポジティブな変化をどのように生活に取り入れていくかについて、その全体的な枠組みの説明はこれで終わります。最後に、あなたがまだ疑問に思っているかもしれないことをいくつか考えてみましょう。

## 進行状況をどうチェックすればいいのか？

**目標の達成具合を追跡することは、３つの理由のために重要**です。まず、あなたが真剣に取り組んでいることを確認できます。次に、毎日の励ましになります。そして、どのくらい成果が上がったかを正確に知ることができます。

進行状況を追跡する方法をいくつか紹介しましょう。**どの方法を選ぶのであれ、毎日就寝前にチェックすることをすすめます。**一日のもっと早い時間にチェックすると、その段階で達成感を得てしまうため、「おまけ」をするモチベーションが下がってしまいがちです。それに、就寝前にチェックするように決めておけば、忘れずにすみます。

### ❶大きなカレンダー（おすすめ）

これは、私が自分の小さな習慣をチェックするために使っている方法です。私は**部屋の壁に大きなカレンダーをかけています。そのそばのホワイトボードに小さな習慣の内容が書いてあり、達成できた日はカレンダーにチェックを入れます。**とてもシンプルなのに効果は絶大。うまくいった日にチェックを入れるのは、小さな習慣を始めて何カ月たっても、気分がよいものです。

もうひとつの選択肢は、**１年の成果が「ひとめでわかる」年間カレンダーで、ただ日付にチェックを入れていくものです。**安上がりの方法として、インターネット上で見つかる無料のカレンダーをプリントアウトして使うのもいいでしょう（お役立ち情報――Gメールのカレンダーをプリントアウトするのも簡単です）。**手書きでチェックを入れると、デジタル機器を使うよりも、達成感がより現実のものとして感じられます。**さらに、頻繁に目に入る場所にカレンダーがあると、自分の小さな習慣、その進行状況と成果をつねに意識するようにもなります。その力はあなどれません。

成功日の連続記録が途切れる唯一の言い訳は、忘れてしまったというものです。なんといっても、小さな習慣は簡単すぎて失敗することなどありえないのですから。しかし、忘れたというのは、ひどい言い訳です。すぐ目に入る場所にカレンダーがあり、毎晩ベッドに入る前に「今日は小さな習慣を終えた？」と、問いかけてくるはずですから。そのときに気がついて、あわててこなすような日があったとしても、小さな習慣は2、3カ月でやめてしまう一時的なマイブームではなく、一生続けられる習慣になります。あまりにうまくいき、柔軟性があるので、やめることなどできません！

最初に自分の小さな習慣を書き留めておくことも、進行状況を毎日チェックすることも、成功のためには不可欠です。この作業を絶対に省かないでください。小さな習慣の達成をどのように追跡するかは自由ですが、少なくとも目に見える場所に小さな習慣を手書きで書いておきましょう。

## ❷スマホのアプリを使う

スマートフォンを使いたい人もいるでしょう。私自身はアナログの方法を好みますが、スマートフォンのほうが優れている点もいくつかあります。まず、どこにでも持ち運べるところが便利で、多くの人はどこへ行くにも、海外の旅行先にだって持っていきます。そして、目で確認しやすく、リマインダー機能も利用できます。小さな習慣を忘れないように思い出させてくれるアプリもあり、行動開始の合図を出すツールとしても使えます。

おすすめのアプリについては、http://minihabits.com/tools/で紹介しています。

## 小さな習慣に抵抗を感じたら、どうすればいいのか？

**抵抗を感じるのは、あなたの潜在意識がこれからやろうと思っていることを不快に感じている証拠です。**次のチェックリストを読んで、自分の考え方が正しいことを確認してください。

**□私は小さな習慣を目標にしているだろうか、それとも、小さな習慣を目標にしているように見せかけて、実際にはこっそりもっと多くを成し遂げようとしているだろうか？**

自分の潜在意識をだますことはできません。「小さなステップをやり遂げる」と言いながら、こっそりもっと多くのことを自分に課すのはやめましょう。

## 私の小さな習慣は、本当にミニサイズだろうか？

小さな習慣を実行するうえで、**私がこれまで目にした最大の過ちのひとつは、その行動を十分に小さくしていないこと**です。たとえば、毎日本を10ページ読むことに苦労していると言ってくる人がいます。私の小さな習慣は毎日2ページ読むことです。つまり、5分の1の量です。10ページはそれほどの分量には思わないかもしれませんが、モチベーションが上がらない調子の悪い日には、それでも多すぎると感じます。小さな習慣は本当に小さくしてください。そうすれば抵抗を感じることはなくなります。大事なのは、量ではなく続けることです。そもそも、それが小さな習慣にする理由なのですから。

## 小さな習慣をさぼってしまうとき、どうすればいいのか？

自分に次の問いかけをしてください。

### ❶私は真剣に取り組んでいるだろうか？

45キロの減量を目指しているときに、「食べ物を一口30回噛む」という習慣がばかばかしく思えるというのは私にもわかります。でも、私たちはもっと深いところを目指しています。**あなたの脳を変化させ、食べ物や運動との関係や考え方を根本から変えることが私たちの目**

**標です。**ダイエットやブートキャンプに参加する人たちは、こうした正気とは思えない拷問に近いプログラムに、一時的にしがみつきます。約束された結果を得ようと必死だからです。もしあなたが、小さな持続的な習慣による変化の力がどれほど大きいかを理解できれば、小さな習慣を真剣に受け止めるようになるでしょう。

### ❷正しい合図を決めているだろうか？

**何らかの理由で小さな習慣をうまくこなせていないなら、選んだ合図をもう一度見直してみてください。**時間ベース、または行動ベースの合図を選んだのであれば、おそらくもっと柔軟性を持たせるか、フリースタイルのプランを選ぶべきです。もしフリースタイルを選んでいて、先延ばしにしたり、忘れたりするのであれば、おそらくもう少し規律のある時間ベースまたは行動ベースの合図を必要としています。

### ❸小さな習慣の数が多すぎる？

私は小さな習慣を最大4つまでにすることをすすめていますが、私が何を言おうと、この本を読み終わってすぐに10の小さな習慣を始めてしまう人がいることはわかっています。ある男性は私に、20以上ある彼の小さな習慣を毎日こなすのがむずかしいと訴えてきました。

**小さな習慣が多すぎると、しなければならないことの数に圧倒されてしまい、目標が高すぎるときと同じ結果（失敗）に終わります。**もしあなたが小さな習慣を4つに決めたのなら、それでも多すぎるかもしれません。私は個人的には、ふたつか3つがちょうどいいと思っています。4番目を加えるとあまりうまくいきません。

## ❹小さな習慣のなかで達成できるものとできないものがあったら?

**部分的な達成は、小さな習慣では失敗です。**どの行動も簡単なはずですから、人生の最悪の日であってもすべてを達成できるはずなのです。**もし複数の小さな習慣のうち、いくつかを達成できないのであれば、できないものを削るか、なぜ達成するのがむずかしいのかを考えてみるべきです。**実行プランのすべてについて、自分の小さな習慣を少し修正してみて、効果があるかどうか試してみることもできます。小さな習慣は毎日100パーセントの成功を想定したものですが、すぐには達成できないかもしれません。自分にいちばん適したプランや小さな習慣の数を突き止めるのには時間がかかるからです。小さな習慣の長所は、どんな理由であれ、プログラムを調整していつでも簡単に再スタートできることです。すべての小さな習慣で100パーセントの達成を目指してください。その目標まで届かないようであれば、そうできるまで調整して小さくしていきましょう。

## ❺1日だけ小さな習慣ができなかったら?

理由にかかわらず、たとえ小さな習慣ができなかったとしても、それは大きな問題ではありません。習慣形成についてのある研究で、1日やりそこなっただけでは習慣形成の達成に影響を与えないことがわかりました。やりそこなうことで唯一不安となるのは、それが2日になることです。それが間違った方向への新しい流れをつくってしまうからです。**1日だけなら心配はいりません。でも、次の日には必ず達成してください。できれば、早い時間にやってしまいましょう。**

## ❻自分にご褒美を与えるべきか？

もしあなたが習慣形成のプロセス（合図、行動、報酬）になじみがあるなら、私に報酬についての話を期待しているかもしれませんが、**小さな習慣では報酬はオプションです。目標を達成すること自体が報酬で、小さな習慣にはその報酬がたくさんあります。**もっとむずかしい行動をするには、報酬が必要だと思うかもしれませんが、小さな習慣は本当に簡単なものなので、たとえ外から報酬を与えられなくても、自分に行動を強いることができます。それが、小さな習慣が優れている理由のひとつです。

報酬について考えないほうがいいもっともな理由がもうひとつあります。報酬について考えると、管理することがひとつ増えてしまいます。小さな習慣はシンプルであることが成功の秘訣ですから、できるかぎりシンプルさを保つことをすすめます。

## ❼一口30回噛むことを思い出したのが食事の途中になってからだった。それは成功に数えられる？

はい、成功です。食事の半分で一口30回噛むことも小さな習慣です。それを毎日の小さな習慣にしてもいいほどです。小さな習慣の哲学は、すべての進歩が貴重だということです。もちろん、食事の間じゅう一口30回噛むことができればそのほうがいいに決まっていますが、努力をしたのなら、「疑わしきは罰せず」を採用して、自分に都合よく考えましょう。

## ❽健康的な食事とは？

健康的な食事にはひとつの共通点があります。**本物の、最低限しか加工されていない食品を使っていること**です。保存料、人工着色料、甘味料、乳化剤、香味料、その他の化学添加物は含まれていません。あなたの注意を引くために、こうしたフレーズを使っている食品会社には注意してください。人工着色料や香味料を使っていなくても、ほかの加工成分がたくさん使われていることもあります。本当に健康的な食品というのは、簡単には見つかりません。

## ❾果物として数えられるものは？

あなたの小さな習慣に関していえば、**缶詰やソースになったものは果物に数えないでください。**生または冷凍の果物はほとんどどこでも手に入り、それぞれ独特の風味や甘さがあります（ですから、フルーツカップにかかっているシロップは、本当は必要ありません）。クリーム状のドレッシングをかけたフルーツサラダについては、それを果物に数えるかどうかはあなたの判断におまかせします。私がすすめるのは、自分自身をだまさないということです。あなたの目標は「決まりをごまかし」て、袋入りの果物のスナック菓子を毎日食べる果物として数えることではありません。もっと果物を食べることです！　シロップやブルーベリージャムをかけたブルーベリーを４つ食べても、それは目標達成とはいえません。

## ⑩野菜として数えられるものは？

**いちばん望ましいのは生野菜です。**次によいのは、ゆでるか蒸すか、焼いた野菜です。とはいうものの、もし野菜として食べられるものが、何の野菜かわからないくらいソースがかけられていたり、塩を振ったりしたものだけであれば、そこを出発点にしましょう。体によくないものだけ食べるよりは、体によくない食べ物で覆われた体によい食べ物をとるほうがましです。

ファストフード店のバーガーにはさまっているような、お粗末でわずかなレタスとトマトであっても、野菜をまったく食べないよりはましですが、それはあなたが探すべきものではありません。野菜として数えるときには、あなたが食べるもののなかで「もっとも中心になるもの」でなければならないことをルールにしてはどうでしょう？　たとえば、フライドポテトはジャガイモですが、植物性油で揚げているために、価値は小さくなります。

野菜にもっと味つけしたいときには、基本的にどの料理でも、ブラックペッパーが健康的で、味にアクセントがつけられます。同じ効果のあるスパイスはほかにもたくさんあります。

私はたいていの食べ物に、オーガニックの万能シーズニングを使っています。健康的な食品は、普通はそれだけでおいしいものですが、一部の食品、一部の味覚に関しては、あれこれ実験してみても損はありません。

## ⑪嫌いなものを食べたくなかったら？

**嫌いなものは食べなくてもかまいません。**果物と野菜の風味、食感、食べ方はたくさんありますから、あらゆるものを嫌いになることは不可能でしょう。あなた好みの組み合わせを探してみてください。私はサラダ、ブルーベリー、マンゴー、イチゴ、ブロッコリー、ホウレンソウが好きですから、これらをもっともよく食べます。カリフラワーも時々は食べますが、あまり好きではありません。マッシュルームは絶対に食べません。鶏肉は赤身肉よりもヘルシーですが、私は牛肉とブロッコリーのほうをよく食べます。この組み合わせが本当に好きだからです。すべては比較の上でどちらがより健康的かということで、大豆油のランチ・ドレッシングに浸したブロッコリーは、マカロニチーズよりはまだヘルシーといえます。

## ⑫体によくない食べ物をやめられなかったら？

誘惑に負けないための秘訣は、次章で紹介します。少しだけ先取りして答えるなら、意志の力で悪い食習慣から抜け出そうとするのは間違ったやり方です。不健康な食習慣から脱するための方法は、制限することではなく、食べたければいくらでも食べられるようにすることです。不健康な食べ物は報酬になります。ですから、それと同じ報酬を得られるほかの方法を見つけなければなりません。大きな報酬を完全に断ち切ろうとしても、長続きはしないでしょう。

変化を取り入れているあいだも、**不健康なものをいくらか食べ続けてかまいません。**短期的な視野に立つ人なら、ジャンクフードは少しも食べてはいけないと言いそうですが、そう聞くと、私はチーズバーガーを食べたくなります。不健康な食べ物を避けるのではなく、その気になればいくらでも食べられるのだと考え、気持ちを健康的な食べ物のほうに向けるようにしましょう。

## ⑬ニンジンを食べる気にならないときは？

ちょうど今、私は何か食べようと思って書くことを中断したところです。ニンジンを食べようと思っていましたが、もっとしっかり食べたい（食事をとりたい）気分でした。完全な食事、あるいは重めの軽食をとりたいという欲求が、「ニンジンだけ」食べる気持ちのじゃまをしました。この感情は誰でもよく経験するのではないかと思います。野菜はカロリー密度が高くないですから。この場合、いつもならニンジンをやめて、食べたいと思ったものを食べますが、今回は実際にニンジンを食べているところを想像しました。味、食感、かみ砕くときのパリパリした感じを思い描くと、すぐにこちらのほうが魅了的に思えてきました。しかし、決定打となったのは、ニンジンを食べたとしても、ほかのものを食べられないわけではないと気づいたことです。私はニンジンをおいしく食べました。それからまもなく、また食事をとりたくなりましたが、このときには胃の中にしっかりニンジンがおさまっていました。

もしあなたが同じような状況に置かれたら、ニンジンを食べても「無駄」だと思うかもしれません。ニンジンを食べたあとでも、まだ同じくらいおなかがすいているだろうと思うからです。これは正しくありません。食欲を十分に満足させてくれなかったとしても、野菜は健康にプラスになるものをたくさん与えてくれます。それに、「私はニンジンを食べたあとも、空腹感は食べる前とまったく変わっていない」といえるほど、あなたの感覚が繊細で正確だとは思えません。あなたはニンジンを食べる前後で、空腹度を測ったのでしょうか？　その値はどうだったでしょう？

**野菜を食べることは必ずしも「食事の代わり」としてとらえる必要はありません。野菜を食べたあとでまだおなかがすいていれば、そのまま食べ続けるべきです。**野菜以外のものがよければ、何かほかのものを食べてください。どうしても必要なら、健康によくないものでもかまいません。ダイエットのときのように、欠乏感をがまんする考え方はやめましょう。ニンジン丸ごと3本とサラダを食べて、さらにホットドッグ1本を食べたとしたら、ダイエットの法則に従えば、あなたは失敗したことになります。でも実際には、これは大いなる成功です！　もしニンジンとサラダを食べなかったとしたら、ホットドッグを2本か3本食べていたかもしれません。ただし、たとえ野菜が奇跡のように物理学の法則を破り、あなたの胃のなかのスペースを占め、エネルギーを与えたにもかかわらず、食欲をほんの少しも満足させられなかったとしても、それでもまだ健康と体重に関するたくさんのプラス面があるのですから、食べるだけの価値はあったはずです。

これは重要な考え方です。健康的な食べ物はあなたの変化の初期の段階で、不健康な食べ物の代わりとして1対1の関係にはなりません。小さなサラダを食べても、あなたの食欲の35パーセントしか満足させないかもしれません。もちろん、「いまいましい。あのサラダが私の食事だったのに、まだおなかがすいている。あっちのピザだったらおなかがいっぱいになっていただろう。健康的に生きるためにはこんなふうに苦しまなければならないのか」と考えるのであれば、あなたは欠乏感を感じます。これは大きな間違いで、この文章を打ち込むことさえうんざりしてしまいます。あなたは脂っぽいピザ3枚よりもよいものが何か知っていますよね？　脂っぽいピザ3枚とサラダです。サラダを食べることでカロリーが増えると心配しているのなら、ここに書かれていることを考えてみてください。

あなたが何か体によいものを食べるときは、どれくらい食欲を満たすかについては期待しないでください。軽いサラダがチーズステーキサンドのカロリー量と同じだけの満足を与えなければならないとは考えないでください。もしあなたが何か体によいものを食べて、まだおなかがすいていれば、もっとそれを食べるか、ほかのものを食べることができます。それだけです。食欲の管理は体にまかせてください。おなかがすいたときに食べ、満足したらストップしてください。

## チーズは太る？

私はそうは思いません。**本物のチーズは栄養が豊富な健康食品です。**しかし、映画館でナチョチーズを食べるのであれば、それは本物のチーズではありません。チーズが入っているかもしれませんが、ほかのものもたくさん入っています。自家製のナチョスに関しては、チーズ（本物であれば）よりもチップスのほうがはるかに太ります。

すでに述べたように、チーズは基本的には牛乳と同じ分類に入ります。「今年の減量フード」賞を勝ち取ることはないでしょうが、世間で思われているほど悪くもないのです。牛乳の場合と同じように、全脂チーズが正しい選択です。あらゆる科学が、スキムミルクは全乳よりずっと太りやすく不健康だと証明しています。

アボカド（82パーセントが脂肪）とブルーベリー（高糖分）は、減量を助けるだけでなく、最強の減量フードです。研究結果でもそれが証明されています。私たちは主要栄養素について考えすぎるのをやめ、食品全体についてもっと考えるべきなのだと教えています。調査で次々と明らかになっている事実は、加工食品が私たちを太らせるのであって、犯人は高脂肪の食品でも、高糖分の食品でもなく、加工食品ということです。

## オーガニック食品を買うべきか？

これは場合によります。私は大勢の人がこの点に関して、オーガニック派だったり反オーガニック派だったりするのを見て、おもしろがっています。オーガニック食品を買うかどうかは、ケース・バイ・ケースで決めるべきことだからです。私はオーガニックのアボカドは買いませんが、ベリー類は必ずオーガニックのものを買います。どうしてかわかりますか？

ワシントンDCの「環境ワーキンググループ」（The Environmental Working Group）という団体は、生産物の農薬残留物をテストしています（オーガニックの農産物には農薬は使われません）。２０１６年の調査でもっとも農薬が多く残っていた上位15の農産物は、次のとおりでした。（農薬残留量が多かった順に）イチゴ、リンゴ、ネクタリン、モモ、セロリ、ブドウ、サクランボ、ホウレンソウ、トマト、パプリカ、チェリートマト、キュウリ、スナップエンドウ、ブルーベリー、ジャガイモ。これらの農産物については、できるだけ農薬を口にしないように、オーガニックを買うべきです。テストの結果、農薬残留量がもっとも少なかった10の食品は、アボカド、スイートコーン、パイナップル、キャベツ、エンドウマメ、タマネギ、アスパラガス、マンゴー、パパイヤ、キウイでした。これらについてはオーガニックを買う必要はあまりないといえるでしょう。リストの完全版はこの団体のウェブサイトに掲載されています。

オーガニックの農産物はその栽培方法のために、栄養価も高いかもしれません。たとえば、牛乳に関しては、「オーガニックの牛乳は通常の牛乳より、オメガ6脂肪酸が25パーセント少なく、オメガ3脂肪酸が62パーセント多い」ことがわかりました。これは脂肪酸の割合としてはとても優れています。しかし、オーガニック食品は値段が高く、人によって予算がさまざまであることを考えると、自分なりの基準を設けておくのがいいかもしれません。農産物はオーガニックを買うことがもっとも重要な食品分類ですが、すべての農産物をオーガニックにする必要はありません。食費の予算が厳しいのに、オーガニックのアボカドを買おうとしているのなら、それはやめたほうがいいと思います。

## 遺伝子組み換え食品(GMO)については?

遺伝子組み換えは人間が食べ物に手を加えてきたもうひとつの方法です。これについてはくわしく論じるつもりはありませんが、私はできるだけGMOを避けるようにしています。オーガニック食品を買うというのが、そのもっとも簡単な方法になります。GMOは熱い論争が繰り広げられているテーマですが、あなたが毎日ファストフードを食べるのであれば、GMOはあなたにとってほとんど関心のないことでしょう(ファストフードにはGMOがたくさん含まれていますから、本当は関心を持つべきなのですが)。健康的な食生活に変えたいと思うと、自然にGMOを食べることは少なくなるはずです。

## おまけの「小さなチャレンジ」とは?

本書では、私が「小さなチャレンジ」と呼ぶ新しいコンセプトを紹介します。サイズ的には小さな習慣と似ているのですが、オプションとして状況に応じて行なうものです。小さなチャレンジは、決して義務ではありません。あなたの小さな習慣プランの中心になるものでなく、おまけとして前進するチャンスを与えるものです。

たいていのダイエットや減量プログラムは、忠実に守ったときにどんな結果が得られるかにばかり集中して、正しい判断ができなくなっています。つまり、取り組む人をルールや制限でがんじがらめにしています。**減量を成功させるには、自主性を尊重し、燃えつきを防ぐことが重要**です。そのためには、義務として課すこと（つまりルール）は慎重に扱わなければなりません。しかし、義務ではなくオプションとして行なう活動なら、プラン全体に悪い影響を与えることなく、好きなだけ行なえます。それをしなかったとしても、自信や勝利への流れを損なわないからです。

これらの小さなチャレンジに共通する考えは、活動的であることは、どのような量であれ価値があるということです。

**テレビを使う小さなチャレンジ――テレビを見る前に20秒運動する、あるいは体を動かします**（ジャンピングジャック、腕立て伏せ、足踏み、道化師のように踊るなど）。リマインダーが必要であれば、テレビかリモコンに貼りつけておきましょう。小さなマークでもシールでもかまいません。それが何を意味するかは自分でわかっているでしょうから。もし20秒なんて価値がないと思うなら、その考えを今すぐに論破してみせましょう。20秒全力で踊りまくったあとで、どう感じるかを実感してみてください。

20秒はあっという間ですが、動いているときにはもっと長く感じます。終えたあとで速くなった鼓動が、その20秒にどれだけ価値があったかを正確に教えてくれるでしょう。私はこの小さなチャレンジには20秒がちょうどいい長さだと思います。なぜなら、ゴールは始める前から見えていて、それでも始めてすぐには終わらないからです。行動への抵抗の少なさと、満足できる見返りが、ちょうどよくミックスされます。どんな行動でも、このふたつの組み合わせが継続のための力強い公式になります（この公式こそ、悪い習慣がはびこる理由でもあります）。

**テレビを使うチャレンジのおまけ**

**――テレビを見ながら30分ごとに立ち上がり、20秒間体を動かします。ダンスをして家族を怖がらせるのがおすすめです。もしあなたが家族と一緒にテレビを見ていて、理由を説明せずに突然立ち上がって踊り始めるとすれば、あなたは私の一生の友だちです。**

**テレビCMを使う小さなチャレンジ――テレビを見ているあいだ、CMが入るたびに立ち上がり、動き回ります。**毎回「運動」する必要はありません。ただ立ち上がって動き回るだけです。CMはいずれにせよ退屈ですから、家のなかをぐるぐる歩きましょう。あるいは、家のどこか一部を掃除しましょう。そうすれば、テレビを見ているあいだに代謝が落ち込むのを避けられます。それに、これは体によいことをしながら楽しめるというすばらしい方法です。番組が再開したときには、楽しい時間を「かせげた」ことに大満足できるでしょう。小さくてばかばかしく聞こえるでしょうが、はねつけてしまう前にどうか試してみてください。とてもよい気分になれます。

健康的な生活で不健康な食べ物を「かせぐ」のはよいことではありませんが、健康的な生活のためにリラックスと楽しみを「かせぐ」のはとてもよいことです。リラックスと楽しみには害がありません。健康的な生活には欠かせないもので、がんばって働いたことへの当然の報酬です。テレビをたくさん見すぎる自分を恥ずかしく感じる人がよくいますが、それは、体を動かさずに長時間ずっと見ているからです。のんびりくつろぐ時間に活動を加えれば、相乗効果によっていくつものレベルで勝ちを収めます。「怠けている恥ずかしさ」にわずらわされることがないので、もっとテレビを楽しむこともできます。

**階段を使う小さなチャレンジ——できるだけ階段を使う！　エレベーターやエスカレーターを使わないことを誇りに思いましょう。私が住むアパートの7階の住民のなかで、階段を使うのは私だけです。人と違う結果を得るには、生活も考え方も普通と変えなければなりません。これもそのためのひとつの機会です。**

「ゼロか100のどちらか」という考え方はしないように気をつけてください。**もしあなたの目的地が18階なら、3階まで階段を使い、残りはエレベーターでもかまいません。**あるいは、エレベーターに乗り、上昇しているあいだに足踏みしてもいいでしょう。もし数階分のエスカレーターと階段があるのなら、最初に階段を使い、次にエスカレーターを使います。ルールはありません。

**駐車場での小さなチャレンジ**——**お店からいちばん遠い場所に車を停めます。歩く距離はそれほど長くなく、「ベストスポット」を探す必要もなくなります。ほかの人たちより5分長く歩くだけです。秘訣はこれです——ベストの駐車場所は店からいちばん遠い場所。なぜなら、それだけであなたに歩く時間を与えてくれるからです。天気を誰よりも楽しめ、ストレスがいちばん少なく、とても爽快な気分になれます。**

**歩く／自転車のチャレンジ——車を運転する代わりに、どこかへ行くときに歩くか自転車で行けるのなら、そうしましょう。**私はただ歩くことでこれほど楽しめるなんて、と驚くことがよくあります。

第2部

減量のための計画づくり

# 第9章

# 誘惑に負けない状況別の応用作戦

「誰にでもプランがある。口元に一発パンチをくらうまでは」

――マイク・タイソン

## 小さな習慣の応用作戦

この章で紹介する小さな習慣の応用作戦は、従うべきルールではありません。いざというときのための、いつでも使える考え方と行動です。使うかどうか、いつ使うかは、あなたの自由。どの方法も、あなたを正しい決断へと導くように考えられたものです。必ず従う必要はないので、ついアイスキャンディを食べてしまったとしても、「しまった。しくじった」という気持ちにならずにすみます。

前章で紹介した基本の小さな習慣は、いわば「メインコース」です。**この章のプランはオプションですが、私が強くおすすめする「サイドディッシュ」です。**健康的な生活に重要な要素を取り入れたもので、ほとんどは習慣的に行なえるようになりますが、ものの見方、そして習慣以外の毎日の選択も大切です。

あなたが誘惑にかられ、この小さなチャレンジに挑もうと決めたときには（これは「ウィンウィン」の方法なので、できるだけ頻繁にそうすることをすすめます）、まずリストの最初のふたつの行動を自分に課してください。私が紹介するリストには、もっとたくさんの行動が書いてあることに気づくでしょうが、それは、最初のふたつに加えて行なう行動を選べるようにするためです。プラスするかどうかはあなたしだいです。基本の小さな習慣と同じように、このプランも敷居は低く、天井知らず、が特徴です。

あなたの選んだチャレンジが、恥の意識を持たずに食べたいものを食べるには「十分」でなかったとしたら？　まず、おめでとうございます。あなたは正しい敵とようやく向き合うことができました。食べ物が敵なのではありません。敵は自分をだめにする行動です。恥の意識を持つことは、その最悪のものです。しかし、これは覚えておいてほしいのですが、食べること自体に恥の意識を持つべきではありません。食べ物は善か悪かの道徳の問題ではないからです。食べ物が体に与える効果はそれぞれ異なります。それに、必要だと思えば、いつでももっと多くのチャレンジをこなすことができます。あるいは、次の小さなチャレンジに移ってもかまいません。どのチャレンジを選ぶにせよ、恥の意識からの解放を目標にしてください。

## 誘惑に負けないための小さなチャレンジ

私なりにリストの順番を考え抜いたのですが、順番を変えたほうが取り組みやすい方もいるかもしれません。私は心を落ち着かせ、集中力を高め、行動を遅らせ、感情を穏やかにするために、瞑想を最初に持ってきました。瞑想は、食べ物に関するいくつかの誘惑を和らげる効果があります。それが終わったら、食べたいという本能的な欲求を満足させる代わりに、「健康的な生活を送る」というモチベーションを刺激する練習へと進みます。たとえば、しばしば空腹と混同される、のどの渇きを解決するために水を飲むこと、行動を少しだけ遅らせること、別の行動の選択肢を自分に与えること、食べ物以外の報酬を用意すること、その場を立ち去ること、食べる量を自分と交渉すること、などがあります。それでは、クッキーの誘惑を例に、具体的に説明していきましょう。

## ❶1分間瞑想する

**これは頭をすっきりさせ、気持ちを落ち着かせるよい方法です。**瞑想も、クッキーを食べる時期を遅らせることと考えてください（「よし、クッキーを食べてもいい。でも先に1分瞑想しよう」）。このシンプルな先延ばしと瞑想の効果だけで、欲求が消えてしまうかもしれません。

まず、どこか静かな場所に座ります。パーティーに出席しているのなら、座をはずして別の静かな部屋、外、トイレなどに行きます。そこで1分間、自分の呼吸に集中してください。何か考えや欲求が頭に思い浮かんでも戦おうとせず、客観的に観察します。ユーチューブで「1分間瞑想」を検索してみると、やり方を教えてくれる動画が見つかるはずです。なぜこれがリストの1番なのだと思いますか？　**瞑想はすぐにストレスレベルを引き下げ、感情を安定させ、意識を高めます。これらが誘惑から自分を守る力強い3本の矢になってくれます。**

たった1分で？　と思うなら、今すぐ確かめてみてください。

ごまかしはだめです。自分の呼吸にできるだけ集中してください。頭のなかで食べ物やほかの考えが浮かんだら――おそらく浮かぶでしょう――穏やかに意識を呼吸のほうに戻します。これはすでに述べたことですが、たとえ瞑想中にいろいろな考えに注意がそらされても、あなたはまだ得るものがあります。何事もそうですが、あなたは瞑想がうまくなる練習をしているのですから、最初から完璧にこなす必要はないのです。

## ❷食べたいと思ったものよりヘルシーなものを食べる

そのときにあなたの心を占めているのが飲み物であっても、できれば何か健康的なものを食べてください。もしその場に健康的な食べ物がなければ、次の3番を2番として使ってください。

## ❸腕立て伏せを1回する、腹筋を1回する、1分間踊る、1分間足踏みする、ジャンピングジャックを1回する、などのうち、どれかひとつをする

あとで決めるより、今、自分の好みのエクササイズを選んでおいたほうがいいでしょう。大切なのは体を動かすことです。これをすると意識（マインドフルネス）を高め、健康的なライフスタイルを送ろうというモチベーションを刺激し、勢いがつけば本格的な運動に発展することも期待できます。小さな習慣と同じように、1回や1分より多くやるのは完全に自由です。

自分が間食するときの状況を考えてみてください。たとえばリラックスしているとき、テレビを見ているとき、ちょっと怠け気分のときなどに、何か食べる傾向があるのでは？　で

も、腕立て伏せやほかのエクササイズをしたすぐあとで、だらけた気分でいることはむずかしいはずです。体を動かすと、健康によくないものを食べたいという誘惑に抵抗するうえで、はるかに有利な精神状態になれます。もう食べなくてもいい、と感じるかもしれません。

## ❹グラス1杯の水を飲む

**私たちはのどの渇きを空腹と勘違いしがちです。**水を飲むだけで、その間違いを正せます。

## ❺食べるのを10分遅らせる

**これは意志の力を使うとても効果的な方法です。**ある行動に真正面から抵抗して誘惑を払いのけようとするよりも、その行動を先延ばしにするほうが、意志の力が少なくてすみます。健康心理学者のケリー・マクゴニガルは、著書『スタンフォードの自分を変える教室』にこう書いています。「10分待たないと食べられないクッキーと、減量のような長期的な報酬を比較するときには、脳は目先の報酬と比較するときのような圧倒的に偏った判断をしない傾向がある。脳をハイジャックし、優先順位を逆転させるのは、すぐに手に入る報酬の〝すぐ〟の部分なのである」

## ❻別の行動への小さなステップを設け、注意をそらす

誘惑にかられる前に、心のなかに別の道を思い描いておくと効果的です。

## ❼別の報酬を用意する

**たとえば、スナック菓子を食べる代わりにテレビ番組を見る、アイスクリームを買う代わりに、ずっと欲しいと思っていたTシャツを買う、などがあります。**要するに、体重の増加につながらないような、食べ物以外の報酬を選ぶということです。

## ❽散歩をする

**玄関から外に出て、そのまま歩きます。**安全な地域に住んでいるのであれば、これは実に楽しい時間の過ごし方になります。

散歩はどうでしたか？　もしここまでたどり着いたのなら、すでにモンスター級の勝利です！　まだ何かチャレンジするものがほしいと思い、ただしここまでの小さな勝利でよい気分になっていて、あとひとつだけ加えたいのであれば、自分との取引を考えてみてください。何の考えもなしに食べるのではなく、**量を決めて食べたいものを食べるか、別の日に食べるかを自分自身と交渉し、恥を感じずに幸せな気分になれる方向にバランスを傾けていきましょう。**

これで誘惑に負けないための小さなチャレンジのリストは終わりです。順番は自由です。

リストのなかに、あなたにとってとくに効果的なものがあったでしょうか？

状況と必要しだいで、リストの内容を調整するのも自由です。もしあなたのいつもの順番がこのリストどおりでも、すぐに手に入るすばらしい代わりの報酬（リストの7番）があるのなら、すぐにそれをすることができます。とはいうものの、毎回同じ小さなチャレンジをするほうが効果は大きいと思います。**同じ行動をとるほど、誘惑にかられたときの習慣になっていくから**です。私が小さなチャレンジの順番を決めておいて、状況しだいで変えられるようにしておくようにすすめるのは、そのためです。

## ケーキをめぐる感情のスパイラル

食べ物を楽しみたいという欲求は、感情から発するものです。食べることで快感を覚えると、空腹のときの食べたいという欲求には見られない化学物質が分泌され、脳に報酬を与えます。

食べ物の誘惑が感情によるものだとわかったら、こう考えてみてください。食べ物の誘惑に抵抗しようとすると、あなたの感情にどんな影響をおよぼすでしょう？　あなたの意識と潜在意識のあいだに内部摩擦を生み出します。この内部摩擦がそのときの感情を何倍にも膨らませ、それが食べる快感に浸りたいという潜在意識を増すことになります。

**1. ケーキを見る。**
**2. ケーキを食べたいと思う。**
**3. 減量という目標が頭に浮かび、ケーキを食べたいという欲求に抵抗する。**
**4. 食べるという決断と、ケーキの誘惑に打ち勝とうという意識が衝突する（自分の心のなかにケーキが占める割合が増す）。**
**5. 決断の大きさにストレスを感じ、疲れ果て、意志の力が消耗する。**
**6. そのケーキが不安から完璧に気をそらしてくれるものに見える。**
**7. ケーキを一口食べる。その甘さが脳に報酬を与え、緊張から解放されリラックスする。しかし、すぐに新しいストレスと恥の意識の波に襲われる。必死で戦ったのに敗れ、食べる前よりもひどい気分になっている。**
**8. ストレスと恥の意識が高まり、ケーキを食べたいという欲求がさらに増す。あらゆるレベルで戦いに敗れたと感じているので投げやりになり、結局はケーキを大食いしてしまう。**

このような流れはあなたも経験したことがあるかもしれません。なぜ私たちが異なるアプローチをとろうとしているのかが、これでわかったのではないでしょうか。

食べ物への欲求が生まれたときには、一瞬のうちにその欲求にどう反応するかを決める必要があります。それが「だめだ！　食べてはいけない！」という必死なものであれば、おそらくあなたは戦いに負けてしまうでしょう。その代わりに、ゆっくり深呼吸をして気持ちを落ち着かせ、本書がすすめる勝つための選択肢を思い浮かべてください。もし誘惑と戦うためのオプションを試してみたいのであれば、ぜひそうしてください。

## 食料品店での作戦――健康的なものと交換する

買ってしまえば、必ず食べることになります。

自宅での食べ物との戦いは、食料品店での行動で勝負が決まります。あなたが買って帰る食料品が、自宅での食環境をつくるからです。それがあなたの減量目標にとって不利な環境であれば、戦うのはとてもむずかしくなります。

**健康によい食品だけを買うのであれば、家で不健康な間食をしてしまうという問題がすぐに、たやすく解決するでしょう。**もし家族にあなたと同じ目標を持たない人がいれば、食環境は複雑になってしまうかもしれません。その場合は、その不健康な食べ物をあなたの目の届かないところに隠してもらうこともひとつの方法です。

私がすすめる買い物のときの応用プランは次のものです。まず、いつもどおり食料品を選んでください。そして、**欲しいものをすべて買い物かごに入れてレジに向かう直前に、健康によくない食品をどれかひとつだけ選んで、それを健康的な食品と取り換えます。**どうしてこの方法がよいのでしょう? 野菜か果物を少なくともひとつ買うようにすすめるのは、あまり効果がないからです。あなたの食習慣がびっくりするほど貧しくないかぎり、普段からそれなりに果物や野菜を買っているはずです。ですから、「少なくともひとつ」を課したところで、何の役にも立ちません。それに対して、いつもつい買ってしまう健康によくない食品を健康的な食品に取り換えれば、その場で2倍の勝利を得ることができます。

すべての小さな習慣がそうであるように、健康的な食品との取り換えはおまけでいくら増やしてもかまいません。でも、最初はひとつを目指してください。交換の例をいくつか挙げておきましょう。

- チョコレートバーを無糖または低糖のダークチョコレートに換える。
- アイスクリームをバナナ（冷凍するとアイスクリームのような味がします）またはほかの果物に換える。
- 普通のスパゲティをそうめんカボチャまたは全粒小麦パスタに換える。
- スパゲティソースをオリーブオイル、バジルペースト、パルメザンチーズに換える。
- 精白パンを全粒粉パンに換える（できれば発芽小麦のもの）。
- 炭酸飲料を炭酸水またはミネラルウォーターと100パーセント果汁に換える（水に風味づけするために少量だけ果汁を加える）。
- 野菜ディップをフムスまたはグアカモレに換える（さらによいのは、ディップを手づくりするための材料に換える）。
- サラダドレッシングをオリーブオイルとバルサミコ酢に換える。

・シリアルと牛乳をヨーグルトと果物に換える（グラノーラはシリアルよりはよい選択ですが、甘味料が加えられていないものを見つけるのはむずかしいと思います）。あるいは、プレーンのスティールカットオーツ（細切れにした全粒オート麦）またはプレーンの押しオート麦もよい選択です。ただし、砂糖をたっぷり加えたインスタントのオート麦のパックは避けましょう。
・肉を魚に換える。
・加工スナックをニンジン、セロリ、ラディッシュ、チェリートマト、ブロッコリー、ナッツなどに換える（軽食用）。

普段から加工食品をよく買うのであれば、生または冷凍の野菜を少なくとも1種類買うことにしてもよいでしょう。食べ方については、のちほどいくつかアイデアを紹介します。

## 健康的な食品は本当に高いのか？

健康的な食べ物は高いと思っている人が多いのですが、それは本当でしょうか？　最初に言っておきますが、ほんの少し値段が高いのは事実です。10カ国で行なわれた食品のコストについての27の研究のメタ分析によれば、健康によい食品とよくない食品の価格の違いは、1人1日当たり1ドル50セントでした。これは、健康的な生活と体重管理に投資しようと思うと、1カ月で45ドル、1年で547ドル余計にお金がかかるということです。健康的な食生活を送り、体に気をつけていれば、医療費を削ることができるので節約になる、という話はよく聞きます。健康的な食べ物の価格は、長期にわたって不健康なものを食べるコストに比べれば、高くはないといえるでしょう。

アメリカ人の多くは、ラテやその他の不必要な飲食物に毎日5ドル以上を支払っています。健康的な食品を買うように心がけるつもりなら、たいていの人はそれを買うだけの余裕があるのではないでしょうか。

## 自宅で食べるときの作戦

自宅での食生活の改善のために最適な方法は、できるだけ健康的な食べ物を近くに置いておくことです。すぐ手にとれる場所にあれば、それを食べる意欲が高まります。健康的な食品を買うことは、完璧な答えではありません。買うだけで置きっぱなしにして腐らせてしまい、実際にはほかのものを食べることも簡単だからです。自宅での健康的な食生活を身近なものにする秘訣は次の3つです。

**1. 計画的に食べる。** たとえば、ブロッコリーを買うときには、どのように食べるかを考えておくべきです。できるだけ具体的に考えておきましょう。熱湯でゆでるのでしょうか？　フライパンで炒めるのでしょうか？　煮込み料理に使うのでしょうか？　生で食べるのでしようか？　その場合はディップを使うのでしょうか？　冷蔵庫に入れておいて、いつでも1房か2房を食べられる軽食用にするのでしょうか？　もう少したくさん食べて、しっかりした軽食にするのでしょうか？　サラダに入れるのでしょうか？　きっちり使い方を決めておく必要はありませんが、少なくともどのように食べるつもりか、ひとつかふたつ食べ方を決めておくとよいと思います。食べ方を思い描いておくことが、大きな違いを生みます。そうすれば、お店にいるあいだに必要な食材を正しく買えるようにもなっていきます。ブロッコリーをサラダで食べたくて買ったものの、いざサラダをつくろうと思ったときに一緒に入れるレタスが見つからなければ、そのブロッコリーを食べずに終わる可能性が高くなります。

**2. 手早くつくれる料理を覚える。** もしあなたが私と同じであれば、時間をかけてきちんとした料理をつくることは楽しめていないでしょう。とはいうものの、健康的な料理を手早くつくる方法はたくさんあります。私がよくつくる肉野菜炒めはせいぜい20〜30分しかかからず、食後はすべての調理用具と食器を皿洗い機に放り入れて終わり。簡単そのものです。炊飯器と煮込み鍋を使うと時間はかかりますが、準備には1分しかかかりません！

サラダは健康的な食べ物の代表で、つくるのに時間もかかりません。調理の必要がないからです。私はレタスと2、3種類の野菜、オリーブオイル、酢、コショウ、万能シーズニング、チーズでシンプルなサラダをつくります。ときには15品目以上を使ったメガサラダをつくることもあります。もっとも簡単な方法を教えましょう。まず大量の野菜をカットします。ラディッシュの束、セロリの茎、ニンジン、パプリカ、トマト数個などを適当な大きさに切ってください。次に、あなたがサラダに必要と思うものを選び、残りはサンドイッチ用の袋かタッパーに入れて、冷蔵庫で保存しておきます。3～4日はもつので、次にサラダを食べたくなったら、材料をすべて取り出してボウルに入れるだけで、おいしいメガサラダのでき上がりです！　私の場合、このようにスピーディに準備できるかどうかで、家でサラダを食べるか、レストランで食べるかが決まります。

**3．選択肢をたくさん用意する。**甘いものが食べたくなったときのために、果物をたくさん用意してありますか？　おやつ用のナッツや簡単に準備できる果物や野菜がありますか？　健康的な夕食の選択肢がいくつかありますか？　加工食品は健康的な食品より用意するのが簡単なので、私はめったに買わないようにしています（買ったものは何でも食べてしまいますから）。しかし、加工食品を買わずに、健康的な食品のストックもなければ、私の唯一の選択肢は外食ということになります（そして、そのレストランが質のよい食材を使ってくれていることに無駄な期待を抱くのです）。

健康的な食事に満足することは、間違いなくできます。そのためには、十分な食べ物を用意しなければなりません。このことと第1の秘訣（計画的に食べる）とのバランスを保つことが大切です。十分な食べ物が手近にないことより悪いのは、健康的な食べ物が手近にあるのに、食べ方を考えていなかったばかりに腐らせてしまうことです。そうなれば、あなたの時間とお金、そして健康的なものを食べようというモチベーションを無駄にするだけです。

全体的な目標として、**健康的な生活に役立つような自宅環境をつくりましょう。**食事に占める健康的な食べ物の割合を増やし、計画的に食べるようにし、どんな料理なら自分でつくろうと思うかを考えます。私は健康的なものを食べることが好きですが、そのために毎日2時間もかけて料理しようとは思いません。もしあなたがそれだけの時間をかけられるのであれば、それはすばらしいことですが、そうでないなら、料理に時間をかけることを勝利の条件にはしないでください。手早く簡単につくれる料理なら、うまく生活に取り入れられるはずです。

## 間食に関する作戦

**感情のままに食べることが、余計な間食の大きな原因**です。それを克服するのがむずかしいことは、私もよく知っています。

感情に促された間食を避けるためには自分の感情を抑える必要がある、と私がアドバイスすると思っていたかもしれませんが、この本では違います。小さな習慣が効果的な理由は、感情を操る方法に頼らないからです。

誰でも人生のどこかの段階で、自分がコントロールできることに集中するほうが、物事はうまく運ぶと学びます。ですから、食べすぎを引き起こす感情を抑えつけようとする代わりに、あなたの感情的な反応のソフトウェアを書き換えることにしましょう。今のあなたの脳は、ストレスや悲しみを感じたときに、ポテトチップス、アイスクリーム、チョコレートを食べたいと思うようにプログラムされているかもしれません。

## 「間食する人は食べずにはいられない」

おやつを食べることはかまいません。では何が問題なのでしょう？　この本で教えるのは空腹をがまんするダイエットではありません。夕食に関する考え方は、間食にも同じように当てはまります。体重のことを考えるなら、カップケーキではなくセロリを選ぶほうが明らかによいのですが、おなかがすいて何か食べたいのであれば、食欲を無理やり抑えつけるのは愚かなことです。長期的に見れば、減量は食べる量を減らすことではなく、健康的なものを食べることで達成されるのですから。

間食をやめて、1日の食事を3回から5回にするようにすすめる人もいます。そう言う人たちは、私たちおやつ好きの人間が何を求めているのかをわかっていません。ここで、うれしいお知らせを！　間食をしても体重を減らすことはできます。間食を禁じるというのは不必要な食事制限の典型的な例です。私たちの反抗心を呼び起こし、結局はドーナツに手を伸ばす原因となるのです。

**もしあなたが何か健康によくないものを間食にするのであれば、食べる量を決めて器に入**

**れましょう。**食べたい量より少なくすると、間違った戦いに引き込まれてしまいます。どうしても物足りなくて、再びキッチンに取りに行って食べるのはかまいませんが、次の機会には自分が本当に食べたい量を最初から選べるようにしましょう。研究の結果、「お代わり」をすると、最初の一皿で自分が満足する量を盛るときと比べ、最終的に食べる量が多くなることがわかりました。

**間食の量を決めることは、意図的に食べる量を制限することとは違います。考えなしに「袋から」好きなだけとって食べることを避けるのが目的です。**もし果物や野菜を食べるのであれば、袋ごと持ってきて、好きなだけ食べてください。減量を助ける食べ物であれば、意識せずに食べてもたいした問題にはなりません。ただし、生の果物や野菜と、オーガニックの野菜チップスやシロップを加えたフルーツカップなどの「偽物の健康食品」を混同しないように注意が必要です。

基本のルールとして次のことを心がけてください。**おやつを食べるのは、退屈なときではなく、おなかがすいたときです。**おなかがすいているわけではないのに何か食べたいと感じたときには、誘惑に打ち勝つ小さなチャレンジを考えてみてください。小さなチャレンジは気分転換に役立ちます。もし食べたいという気持ちが精神的な疲れによるものであれば、小さなチャレンジをすることで、食欲を減らしたり消し去ったりしてくれます。

目標と手段は別であることを思い出してください。あなたの目標は、間食として何か食べたいときにアイスクリームやクッキーを選ばないことです。あるいは、たとえそれらを選んだとしても、たくさんは食べないことです。そのための手段は、自分の欲求を認めることであって、欲求を抑えつけることではありません。食べる量を決め、意識して食べ、満足したら食べるのをストップします。こうすれば、体によくないものを食べる量が間違いなく減っていきます。このことを見失い、ダイエットのときの考え方に戻り、「おっと、チップスが食べたくなった。減量のためにはここでがまんしなければならない」と考えてはいけません。この考え方が失敗につながるのですから。真正面からの抵抗は失敗に終わります。目標は手段ではありません。これを絶対に忘れないでください。

もちろん、目標も無視すべきではありません。体によいものを食べるという目標はつねに意識すべきです。目標に注意を向けることをやめてしまい、この本のプランをただ取り入れるだけになると、正しいことをするのがむずかしくなります。目標と行動計画の両方を意識しましょう。成功のためにはどちらも必要です。

## 外食のときの作戦

たいていは外食が多いほど減量はむずかしくなります。私も楽しみのひとつとして、よく外食をしますが、どこで何を食べるかについては厳密に選びます。レストランで食べるときには、そこで出される料理がヘルシーであるとは期待できません。体によくない添加物や、必要以上の糖分、塩分、脂肪分が含まれているからです。レストランの料理は一般に健康のためではなく、おいしさを第一に考えられています。客のほうも、どんな食材が使われているかをあまり気にしていません（私はそのために時々苛立ちを覚えます）。

レストランの客が食材や栄養価についてたずねることはめったにありません。食べ物がシンプルだったころはそれでもよかったのですが、今では、自分が何を食べているかを知っておくことが大切になりました。レストランは「目隠し状態で」食べなければならない数少ない場所のひとつです。

レストランでの食事は、蒸した野菜のような本当にシンプルな料理を食べるか、その店がどんな食材を使っているか（いないか）を明確にしている場合をのぞき、体によくないものを使っていると思っておいたほうがいいでしょう。最近では人工着色料や人工調味料、保存料を使っていない、あるいは抗生物質不使用の肉を使っているなどと宣伝している店が増えています。その場合でも、その料理にはおそらく糖分、塩分、脂肪分が過剰に使われていますから、注意が必要です。

## 食材をチェックする

レストランでの食事を考えるときには、最初にグーグルでそのレストランの名前と食材で検索してみることをすすめます。食材のリストを掲載している店は多くはありませんが、大手チェーンの一部はそうしています。詳細な食材リストはなくても、何らかのコメントを見つけられるかもしれません。食材リストを見つけて、そのなかに知らないものがあれば、おそらくそれは化学的に合成された保存料や調味料です。食材リストが極端に長いものも、警告サインだと思ってください。

自分の体重を気にかけるのであれば、食材や成分についても気にかけるべきです。優れた食材が標準的に使われているのなら話は簡単なのですが、質のよい食材は一般に値段が高く、客のほうもめったに食材についてたずねません。レストランはビジネスとして利益を出さなければなりませんから、質にこだわるよりも安い食材を使うことを優先します。

どれだけ頻繁に外食するかより、次のふたつがはるかに重要です。

**1. どこで食べるか**
**2. 何を注文するか**

一般に、健康によいメニューはシンプルな野菜料理（と、ベジタリアンでなければシンプルな肉料理）で、最悪のメニューは揚げ物や、油、ソースをふんだんに使っているものです。多くのレストランでソースは隠れた肥満の素です。ソースとドレッシングは確かにおいしいのですが、ほとんどといっていいほど健康的とはいえない脂質（大豆油）、砂糖、化学添加物が大量に含まれ、満腹度も高くありません。

レストランの食べ物についてよく知るほど、外食の頻度とメニュー選びをうまく管理できるようになります。お気に入りのレストランの食べ物の質を調べてみるのもいいでしょう。

## 正しい質問をする

**肉料理か魚料理を考えているのなら、調理法をたずねるようにしましょう。できるかぎり直火、オーブン、グリルで焼いたものを選びます。**私は時々、うっかり揚げ物を注文してしまうことがありました。メニューに調理法が書かれておらず、私もたずねなかったからです。今では、メニューに書いていないときには必ずたずねるようにしています。

もちろん、以上のことはどれもルールではありません。あなたは好きなものを何でも食べてかまいません。正しい行動の仕方を知っていることと、それを完璧にこなそうとしてプレッシャーを感じることは違います。細かい情報が重要なのは、外食するときには体によいものと悪いものを間違いやすいからです。最悪なのは、自分では体によいものを食べているつもりなのに、実際はそうではなかったという場合です。

**考え方のチェック——体重を減らしたい人にとって、質のよい食品を食べることは「必要な苦しみ」でも「罰」でもありません。あなたが今読んだばかりのことは、私自身がレストランで食事するときのアプローチそのものです。私は太りすぎではありませんが、いつも自分の健康を意識しています。ときには外食のときに食材をチェックしない**

**長い目で見たときの結果に違いを生みます。あなたが頻繁にとる行動が、よく利用する店の食材はわかっています。ことともありますが、**

## ホットドッグの見えない力

私は子どものころ、おいしいと思うものばかり食べていました（覚えていますか？ 私はおいしそうなにおいのするリップクリームを食べていました）。まだそのころのように行動していたなら、ホットドッグが大好物になっていたでしょう。しかし、今の私はホットドッグを見ると、まず保存料をたっぷり含む加工パンに目がいきます。ホットドッグのソーセージを見ると、そのなかに含まれる不快な成分のことを考えます。

どこの国でも、食品成分について語られることはあまりありません。アメリカでは、「ただのホットドッグじゃないか」と言う人もいるでしょう。実験室で生まれた、人間の食べ物として適していないひどい物質を消化したくない、と言う人にはめったに出会いません。なぜなのでしょう？ 「私のおじは毎日ホットドッグを食べて、88歳まで生きていた」といった逸話だけはたくさんあります。でもこれは、ホットドッグが食べ物として適しているかよりも、おじさんの生命力の強さのほうを物語るエピソードです。食べ物に関しては、連想も重要な役割を果たします。そのなかには私たちに不利益をもたらすものもあります。大勢の人が最悪の食べ物と結びつく大切な思い出を持っています。たとえば、アメリカで野球観戦といえば、ホットドッグを連想させます。映画館といえば、特大サイズのソフトドリンクと塩バターがかかったポップコーンの大きなカップを連想させます。記憶に残るパーティーや休日の集まりなどで食べるものは、ほとんどが健康によくない食べ物ばかりです。

これらの連想は私たちに何重もの影響を与えます。社会的な習慣になっている組み合わせ（ホットドッグと野球、ケーキと誕生日など）や、社交の場でのお決まりの行動（仲間とビールを飲む、大学でピザを食べるなど）の上に個人的な思い出が築かれます。これらの社会的なプレッシャーが私たちの選択にとても大きな影響を与えます。そしてそれが、体重が増える原因になっていきます。

私がホットドッグの食べ物とは思えないひどい性質を話題にしたなら、きっと誰かを怒らせることになるでしょう。その誰かは、父親と野球の試合を観に行くことが子どものころの楽しみで、球場ではいつもホットドッグを食べていたのかもしれません。父親はその後、亡くなったので、今ではホットドッグが父親との思い出の一部になっています。そのため、彼にホットドッグがいかにひどい食べ物かを語れば、彼は自分の父親がひどい父親だと言われているように受け取るでしょう。自分の子どもにホットドッグを食べさせるような父親だったわけですから。あるいは、私が彼という人間を、ホットドッグを食べるということだけから判断していると考えるかもしれません。食べ物がカロリー、栄養、品質についての議論だけで終わらないのは、そのためです。食べ物は文化、社会、記憶、感情、習慣、経験と結びついたものでもあるのです。

## 結果を変えるには行動を変えなければならない

2016年の研究によれば、健康的なライフスタイルとされる4つの要素（たばこを吸わない、健康的な体脂肪率、活動的な生活、健康的な食習慣）すべてを持つアメリカ人は、わずか2・7パーセントでした。もっとも、その結果に驚く人はいないでしょう。仲間と出かけたときにお酒を飲まないのは変ですし、野菜をおやつとしてすすめることも、特盛りサラダを注文することも奇妙なことです。残念ながら、本物の食べ物を食べることはもう普通のことではなくなってしまいました。

健康的な体重になるためには、平均的な人と違う行動をとらなければなりません。現在では多くの国で、平均的な人は太りすぎです。このことを正しく理解している人もいますが、応用の仕方が間違っています。彼らはダイエット食品に切り替え、空腹をがまんし、「クレンズダイエット」を試そうとします。毎年4500万人のアメリカ人がダイエットをしていると推定されますが、成功する人はほんのわずかです。あなたは太りすぎの人たちと別の結果を望むだけではなく、ダイエットをしている人たちとも別の結果を求めています。つまり、周囲のほとんどの人たちと異なるアプローチを選ぶ必要があるということです。小さな習慣こそがその異なるアプローチで、あなたを成功に導いてくれます。

## 優れた情報があっても行動の変化は遅れる

最近になって、栄養に関する情報が豊富に得られるようになりました。多くの人が変わろうとしています。たとえば、2015年には炭酸飲料の消費量が30年連続で減り、なかでもダイエットソーダの消費は大幅に減りました（なんて喜ばしい！）。つまり、すべての希望が消えたわけではありません。加工食品の実験は大間違いだったと気づき始めた人たちもいます。

それでも、栄養学が発達し、人々が何をすべきかを知っても、長続きする行動の変化を取り入れている人はまだごくわずかです。アメリカ人の25パーセントは毎日ファストフードを食べているそうです。2015年のファストフード産業の収益はアメリカだけで2000億ドルを超えました。世界全体では5700億ドルでした。

この本が大逆転の発想となるのはそのためです。この本で紹介するプランは効果絶大なので、現在の太りすぎの世界の荒波を泳ぎ切るだけの力をあなたに与えます。

## 仲間からのプレッシャーがあるときは

健康的な食生活のじゃまをする社会的プレッシャーはとても強いとわかったところで、ここからはその対処法を考えることにしましょう。まず何よりも、あなたが不健康なライフスタイルを続けることでしか成り立たない友情関係は、不健康な友情関係といわざるをえません。真の友は、みんなと同じものを食べるかどうかであなたを判断したりはしませんし、優れた決断をしたあなたに居心地の悪い思いをさせたりもしません。あなたは友情を維持しながらも、小さな行動を使って徐々に生活を変えていくべきです。ただし、どんなライフスタイルの変化も、たとえ少しずつ変える場合であっても、周囲との関係を変化させる力になります。

食べるものについての決断が仲間たちからのプレッシャーに影響されそうなときには、そのたびに、自分にとっていちばん大切なことは何かを考えてください。それは自分の健康でしょうか？　それとも、周囲の人たちの行動に自分も合わせることでしょうか？　これは、友情を犠牲にしろという意味ではありません。「いつも自分の健康を第一に考えて行動するべきだ」と言っているわけではありません。健康的な選択をするより、仲間に加わることのほうが大事な場合だって当然あるでしょう。問題は、あなたが自分の考えで決断できず、いつも仲間からのプレッシャーに負けてしまうことです。これまでの自分を振り返り、仲間からのプレッシャーに屈してしまうことが多かったと思うなら、自分の考えで決められるように練習する必要があります。仲間たちにあなたの決断を受け入れてもらう必要はありません。これはあなただけの問題です。仲間からのプレッシャーという地雷原をうまく進んでいくための方法をいくつか教えましょう。

## 義務ではなく好みによる選択だと話す

たいていの人は、相手の好みを尊重します。あなたが本当に何かを食べたくないときは、周囲の人もしつこくプレッシャーをかけてはこないでしょう。しかし、「ダイエットをしているから」それを「食べてはいけない」と言えば、仲間たちはあなたをうまく誘導してダイエットの誓いを破らせようとするかもしれません。彼らがあなたに体によくないものを一緒に食べるように誘いかける理由のひとつは、そうすれば自分が不健康なライフスタイルを選んでいるという罪悪感が少しは和らぐからです。

あなたがサラダを注文して、ほかのみんながフライドチキンとフライドポテトを食べるとしたら、あなたのサラダを見ながらほかの人たちは、自分は本当にこれでいいのかと不安になります（あるいは居心地の悪い思いをするかもしれません）。せっかく揚げ物をおいしく食べているのに、あなたのサラダボウルのなかのレタスにお説教をされているかのように感じるのです。

あなたが仲間たちと同調せず、健康的なメニューを選ぶことにしたとしましょう。すばらしい！　しかし、友人のひとりがあなたの選んだ料理について何か言ったり、質問してきたりします。そうした状況は想定しておいたほうがよいでしょう。健康的な食習慣はめずらしいのですから。さて、あなたは何と答えますか？

最悪な答えは、たとえばデザートのチョコレートケーキを食べないことが、あなたが本当に望んだ選択ではないかのように言うことです。これは、自分の決断の責任をとらずに、「指示に従っただけ」なのだと言い逃れをしているように聞こえます。

**もしあなたが自信を持って「チョコレートケーキは食べたくない」と言えば、友人たちは反論しようという気にはあまりならないはずです。**個人の好みは、食べ物の選択に関しては最強の力です。たいていの人は本能的に、個人の好みは尊重しなければならないと理解しています。それでもまだ誰かがプレッシャーをかけてくるようなら、自分が何を食べたいのか（食べたくないのか）を訴え続けましょう。簡単そのものです。デザートを食べない理由として、「ダイエットをしているから」という言い訳は使わないでください。デザートを食べない理由は、ほかにもたくさん考えられるはずです。

**効果的で正しい答え**
**「○○（不健康な食べ物）は食べたくない」**
**「私は本当に○○（健康的な食べ物）を食べたい」**
**「○○（不健康な食べ物）よりも○○（健康的な食べ物）を食べたい」**

**説得力のない答え**
**「○○（不健康な食べ物）を食べられない。ダイエットをしているから」**
**「いらないよ。体重を気にかけているから」**

## 「これ（健康的な食べ物）を食べなければならない」

健康的なものを食べるという自分の選択をほかの人に押しつけるのもやめましょう。何を食べるかは個人的なことで、道徳とは関係ないのですから、人は人、自分は自分、と考えるべきです。もし誰かが「ずいぶん健康的な食事だね」などと言ってくるとしたら、それは、彼らが自分の食べ物の選択を恥ずかしく感じているからかもしれません。だから**私は、自分も彼らが注文したものを時々食べることがある、と言うようにしています**。それは嘘ではありません。すでに述べたように、私もほとんどの人と同じように、体によくないあらゆるものを食べてきました。一度の食事でたまたま食べていたもので誰かを判断することは無意味で、何の得にもなりません。

周囲の人たちにも食生活を改善するように背中を押したいのなら、罪の意識を積み上げることは、その方法ではありません。食生活がどれだけ健康的かを監視されることは、誰も喜ばないでしょう。健康的な食べ物を善意ですすめることでさえ、相手の罪の意識を呼び起こすおそれがあります。多くの人にとって、これはデリケートなテーマです。ですから、十分に気をつけてください。

健康と体重という側面から見れば、ひどい食べ物もありますが、それを食べるかどうかは個人の自由です。あなたが一日中ベッドのなかでケーキを食べたいと思い続け、それを悪いことだとは思わないと決めたのであれば、私はあなたのその決断を尊重しようと思います。

長続きする成功は、自由、選択、決断する力、自分の行動に意識を向けることによって得られるのであって、罪悪感と恥からではありません。

結論を言えば、**仲間からのプレッシャーをうまくかわす秘訣は、お互いに尊重し合うことです。あなたの食べ物の選択と欲求を尊重してもらい、相手にも同じことを返します。**

## パーティーと休日のための作戦

休日は人生においてだけでなく、減量にとっても一大事です。テキサス工科大学の研究で、**アメリカ人は6週間の休暇のあいだに平均約680グラム体重が増える**とわかりました。これは、1年間の体重増加分の約75パーセントに当たります。1年に900グラムであれば、それほどの増加ではないように思えますが、これが20年続けば、18キロ増えることになります。

このように、一見するとわずかな休暇中の体重の増加が、長期の減量計画にとっては致命的です。休暇中の行動は（それ以外の時期もですが）とても重要です。食べ物の選択肢が限られていることや、仲間からのプレッシャーや「特別な日」効果のために、誤った決断をしてしまいがちだからです。

## パーティーでの食事の心理学

あるパーティーに出席しているところを想像してください。パーティー会場には山ほどの食べ物が用意されていて、体によいものもあれば悪いものもあります。野菜とクッキーが目に入ったときには、「どちらかひとつ」とは考えないようにしましょう。甘いもの好きであることと、健康になるという目標をうまく調和させ、「健康寄り」になるようなベストの選択をしてください。健康的な食生活をする人と、不健康な食生活の人との違いは、あなたが思うより小さいのです。ひとりは健康寄り、もうひとりは不健康寄り、くらいの差でしかありません。ひとりは休暇中に450グラム体重が増え、もうひとりは毎月、休暇中も含めて同じ体重を維持するか、少しずつ減らしていきます。小さな選択の積み重ねが、やがて大きな変化を生むのです。

**休暇は特別な日ですが、特別な食べ物の日とは考えないでください。**そうでないと、休暇がお得なビュッフェに行って食べることと変わらなくなってしまいます。

**休暇を楽しむことと、食べ物やビールを切り離すように努力してください。**体によくないものを何ひとつ食べてはいけないと言っているわけではなく、**「今は休暇中だから、好きなものを食べていいいんだ!」と、食べ物の選択についての自分の責任を放りださないように注意してほしい**のです。あなたの健康的なライフスタイルは休日も休暇も関係なく、一年中続きます。ですから、休暇はあなたが本当のところ、どこまで変われたかを判断するよいバロメーターになるかもしれません。ダイエットをしている人は、休暇シーズンがくるたびに、体が引き裂かれるような気持ちになります。自分が何を「すべきか」はわかっていますが、それをしたくないからです。潜在意識の好みが変わってきている人は、体によくない食べ物を求める気持ちが、以前ほど強くなくなっているでしょう。

ダイエットは私たちすべてに「私はXYZができない。なぜなら――」の考え方を押しつけます。この考え方は失敗を招くだけです。本当の変化とは、あなたが「XYZをしたくない」と考えられるようになることです。

## パーティーでの過ごし方

パーティーは、あなたが「注意しなければならない」「警戒を要する」状況ではありません。そう考えるとよくない連想をしてしまい、正面からの抵抗というダイエット式のやり方に逆戻りしてしまいます。自分の行動に意識を集中しましょう！　たとえば、**スイーツをいくつか食べるけれど、水も飲むとか、お酒はたくさん飲むけれど、ニンジンとセロリも食べる、などと取引します。**気持ちを落ち着けて交渉に臨めば大丈夫、あなたはきっと勝てます。

**何をどのくらい食べるかについて、どう決断すべきかを考えているときに、もっとも効果的な心の状態は、自分の体と健康を第一に考えることです。**もしかするとそれだけで、コストに見合うだけの価値がない食べ物のいくつかを食べたくなくなるかもしれません。私があまりお菓子を食べない理由は、体に与える悪影響がわかっているからです（それを思い浮かべるだけで不快な気分になります）。コストに見合う価値のある食べ物——たとえば大好きなチョコレートファッジケーキ——もいくつかはあると思います。その場合は、一切れだけとって、ゆっくり、意識しながら、恥ずかしいと思わずに食べてください。

チョコレートファッジケーキを一切れ食べるときの状況には、次のようなものがあります。

1. **あわてて、夢中になって、ストレスを感じながら、つい食べてしまう。** 最後の瞬間まで抵抗しますが、結局は口のなかに放り込んでしまいます。あなたがそのときに感じる解放感は、ケーキに含まれる砂糖とその味だけでなく、誘惑との戦いが終わったことから得られるものでもあります。
2. **普段どおりに食べるけれど、恥ずかしさと失敗したという考えが頭に浮かぶ。**
3. **食べずにいられるけれど、すべての喜びと人生を奪われたかのように感じる。**
4. **一切れとってゆっくりと、意識しながら、喜びをかみしめ、恥の意識を持たずに、一口一口を楽しむ。** いつ満足を覚えるかをしっかり意識し、それを感じたら食べるのをやめる（皿の上にまだ残っていてもストップします）。

**減量の敵は加工食品であることを忘れないでください。** ただし、もっとも重要なこととして、**減量のための行動変化の敵は、何の考えもなく食べること、恥の意識、一貫性のなさ、**

あきらめることのいくつかが組み合わさった状態です。

**意識的に食べるとどう見えるか**

・体によくないものを食べたくないと思えば、食べない。
・体によくないものを食べたい「気がする」だけであれば、本当に食べたくなるまで待つ。
・体によくないものを食べるときには、一口一口をかみしめながら、誰よりも楽しんで食べる。

**恥を感じずに食べるとどう見えるか**

・体によくないものを食べるときでも、大食いすることはほとんどなくなる。
・体によくないものを食べたあとでも、次の決断に影響を与えない（これはよいことです）。
・体によくないものを食べたあとでも、つまずいたり落胆したりせず、力強い足取りで自信を持って減量の旅を続けられる。

**一貫性があるとどう見えるか**

・健康的な食べ物を一貫して食べると、時々体によくないものを食べても成功に悪影響を与えない。
・新しい行動の仕方を一貫して続けると、習慣になってその行動を好むようになる。
・つねに勝っていると、勝つことを期待し、勝者の行動をとるようになる。

## あきらめないとどうなるか

**決してあきらめない人は、成功への道筋を見つけます。**どの成功物語にも粘り強さはつきものです。小さな習慣で毎日の成功を収めるからといって、調子の悪い日がなくなるわけではありません。そうした日に受ける心理的なダメージを和らげることが成功への鍵です。それは、この章で説明してきたことと、決してあきらめないという決意を組み合わせることで達成できます。

**パーティーに行くときには、落ち着いて、作戦を練って臨みましょう。**そうすれば、あなたも楽しみながら進歩できる数少ない人たちの仲間入りができます。この作戦を続けるうちに、よりよい選択ができるようになり、それが健康的な食べ物をもっと好むことにつながるでしょう。

第2部

減量のための計画づくり

# 第10章

# 減量のための小さな習慣、8つの聖なる法則

「人はみな勝ちを収めたときの我が戦術を見てとれるが、勝ちを決定的にした我が戦略を知ることはない」

——孫子

## 減量と行動の変化はゆっくり行なうのがいちばん、という新しい考え方

私は毎日1回の腕立て伏せから始め、今では週に何度かジム通いをするまでになりました。重要なのは続けること。続けることで私の脳は運動することになじみ、変化していきました。最初に何度か成功することで短期・長期的なモチベーションが高まり、勢いがついて毎日の運動というプロセスが始動し、勝利を収める日が続くことでやる気もどんどん高まりました。腕立て伏せ1回と聞いた人は、「腕立て伏せ100回チャレンジ」のような目標と比べるかもしれません。毎日腕立て伏せ100回するという目標です。目標達成のための全体的な計画を考えずに、目先のプランだけを比べることは、しばしば間違った選択につながります。毎日腕立て伏せ100回というのは、あまり優れたプランではありません。短期間で成果が得られ、モチベーションも高まりますが、ゆっくりとしか変化しない脳の性質、気まぐれなモチベーション、限りある意志の力、人生の予測できない出来事のために、ほぼ間違いなく、最後には失敗に終わります。

体重を減らしたい人の大部分は、何らかのダイエット法を取り入れます。ダイエットの背景にある考え方は、減量したいと思っていない人たちに比べ、何か極端な行動をとることで体重を減らそうというものです。たとえば、意図的にカロリー摂取量より燃焼量のほうを多くします。このタイプの変化は、私たちのコントロールがおよばない生物学的、神経学的な働きによって妨げられます。そのため、「はじめに」で説明したように、たとえ短期的には

効果があったとしても、目標を達成することはありません。そうしたダイエット方法は、完璧に実行したのに失敗するという点で本当にひどい方法です。減量に極端な変化は必要ないだけでなく、逆効果でさえあります。

本書が教えるのは、**減量と行動の変化はゆっくり行なうのがいちばん、という新しい考え方**です。変化がゆっくりしたものであれば、脳が抵抗して古い習慣に逆戻りしてしまうこともありませんし、体の抵抗にあって体重が元通りになることも（さらにいくらか増えること も）ありません。その代わりに、基本の脂肪セットポイントをどんどん低くして、**行動と食事の好みを変えていきます**。そして、最終的にはそれを習慣として行なえるようにします。

本書ではまた、**減量は炭水化物、脂肪、カロリーの問題ではなく、食べ物の質で決まるのだ**と明らかにしてきました。こうした要素のどれかひとつだけに注目したダイエット法は、どれだけ人気があったとしても不正確で、体の働きを単純化しすぎています。主要栄養素それぞれに異なるタイプがあり、体に与える影響も大きく異なります。オリーブオイルとココナッツオイルは健康的な脂肪分です。トランス脂肪酸と植物性油は健康によくない脂肪分です。果物と野菜には健康的な炭水化物が含まれます。チップス、ソーダクラッカー、揚げ物などの超加工食品には、健康によくない炭水化物が含まれます。不健康な脂質の例や、不健康な炭水化物の例を持ち出す人は、「それだ！　悪いのは炭水化物（あるいは脂肪）だ！」と言うでしょう。これは、たまたま意地悪な人と出会ったことで、すべての人が意地悪だと結論してしまうようなものです。世のなかには親切な人だってたくさんいます！　観察科学の研究では、脂質、炭水化物、カロリーがその摂取元によって、ときには優れ、ときにはよくないという発見が相次ぎました。

私たちはとにかくたくさん食べすぎているのだと言う人もいます。それは本当かもしれませんが、もしそうなら、なぜ私たちはそんなに食べているのでしょう？　私たちの祖先はもっとカロリー計算が得意だったか、無糖のカップケーキを買っていたのでしょうか？　**本当に重要なものは、満腹感、満足度、微量栄養素、そして植物性栄養素です。**もしあなたの目の前に100キロカロリーの食べ物がふたつあり、一方はカロリー当たりの重量がもう一方の14倍で、満腹度が高かったとしたら、カロリーだけが重要だなどと言えるでしょうか？　**イチゴはポテトチップスと比べ、カロリー当たり14倍の重さがあります。**カロリー計算をまだ信じている人がいたら、私からイチゴ・チップス・チャレンジにご招待したいと思います。

## イチゴ・チップス・チャレンジ

このチャレンジは自己責任で行なうようにお願いします。私からはすすめません。

まず、8オンス（226・80グラム）入りのポテトチップスの袋を、どれだけ食べられるか試してみてください。私なら、1袋を一気に食べられるだろうと思います。別の日に、今度は3・2キロのイチゴをどれだけ食べられるかを試してみてください。チップス1袋とイチゴ3・2キロは同じカロリーです。したがって、カロリー計算に従うとすれば、チップスを食べてもイチゴを食べても同じということですよね？　え、何ですか？　イチゴを3・2キロも食べようとしたら、おなかが破裂しそうになった？　注意――このチャレンジを自宅では……ほかの場所でも試さないでください。

もし誰かがあなたに、カロリー計算は重要だと言ってきたら、彼らにこのチャレンジを試すように言い返してください。彼らがチャレンジを拒むか、「いや、チップスは適量なら食べてもいい」などと言い逃れをしてきたら、カロリー当たりの満腹度のほうが単なるカロリー数よりも重要なのだと彼らに明言できるということです（微量栄養素も同じですが、イチゴ3・2キロのほうが視覚的にわかりやすいので、話をシンプルにするためにこちらを選びましょう）。カロリー計算に従っていると、おなかがすいて代謝を乱すおそれがあります。**空腹感を満たし、必要な栄養をとれる健康的な食品を食べましょう。それが正しい解決法です。**

本書の新しい考え方をまとめておきましょう。**炭水化物、脂質、たんぱく質、カロリーを心配する必要はありません。食べるものの質だけに注意を向けてください。**質のよいものを食べていれば、それ以外の要素は自然にうまく収まります。加工食品だらけの世界で質の高いものを食べるのは簡単ではありませんが、カロリーや炭水化物、脂質の計算をするよりは簡単です。数学は必要ありません。私は数学が好きですが、カロリー計算は嫌いです。

## 減量のための小さな習慣、8つの聖なる法則

この8つの法則は絶対に破らないでください。もし破れば、成功の見込みが大幅に少なくなってしまいます。

### ❶ダイエットをしない

ダイエットをして、それを小さな習慣と呼ぶことは禁止です。小さな習慣は小さくて簡単な変化であって、「ごめんなさい、それは食べられません。ダイエット中でサラダしか食べられないので」と言うことではありません。**ダイエットはあなたに健康によいものを食べるように強いますが、小さな習慣は、それをもっと楽しんで食べられるようにやさしく教えます。**

### ❷健康によくない食べ物を制限しない。何も奪わない

あなたの体は特定の食べ方に慣れています。そして、それが脅かされると、95パーセントの確率で減量に失敗します（いくつかの研究によれば、これがダイエットの失敗率です）。もしどうしてもハンバーガーを食べたくなったら、その欲求についてよく考え、この本で紹介した誘惑に負けないためのオプションを試してみてください。もし、それでも欲求が消えず強いままなら、そのハンバーガーを食べたほうがいいでしょう。食べることを楽しんでく

ださい。
食べたいという欲求と、減量しなければという思いが衝突して苛立つとしても、それでもまだ進歩は可能です。**一口30回噛んでください。水を飲んでください。**パンの代わりにレタスラップにできるかどうか確かめてください。大きな戦いのなかに小さな対決がたくさんあります。たとえ対決に敗れてばかりだとしても、最終的に戦いに勝つことのほうが重要です。忍耐と巧みな作戦が勝利につながります。

ジャンクフードをあまり食べないようにする最善の方法は、何の条件もつけずに、それを食べてもかまわないと自分に認めることです。そして、もっと健康的な決断をできるようなプランを取り入れます。食べたいものを禁じるのは、ダイエットをしている人たちのやり方です。本書のプランに従っているあいだに、もし欠乏感を感じることがあるとすれば、あなたが間違ったやり方をしているか、あなたのニーズに合わせてプランを微調整する必要があるかのどちらかです。

これは、食べたくなったときにはいつでも不健康なものを食べるべきだと言っているのではありません。ハンバーガーが好きで、サーモンと野菜も同じくらい好きなら、サーモンと野菜を選んでください。これは、コントロールできない欲求を無理に抑えるのとは違います。ふたつの好ましい選択肢のうち、よりよい選択をするということです。

## ❸恥の意識を持たない

**自分の体重や、何を食べるかについて、恥ずかしく思う理由はありません。**ピザ1切れを2口で食べたとしても、あなたは罪をおかしたわけでも、減量のチャンスを逃したわけでもないのです。決して「間違った」ことをしたわけではありません。食べ物と道徳は関係ないのですから。つまり、食べ物を善悪の観点から見る必要はありません。

ハンバーガー、炭酸飲料、揚げ物、キャンディ、メキャベツ、フレンチオニオンスープ、あるいはベーコンを食べることが、自分自身をどう思うかに影響を与えるべきではありません。考えてみてください。ほとんどの人は、あらゆる種類の食品を食べています。なぜあなただけが、ほかの人たちも食べてきたものを食べて、自分を恥ずかしく思わなければならないのでしょう?　まったく意味を成しませんよね。

あなたは**食べ物が自分の体にどんな影響を与えるかをよく知っておくべきですが、それを食べることに恥の意識を持つ必要はありません。ダイエットをやめれば、恥の意識から解放されます。**それでも、もし以前の「ダイエット」のときの本能が舞い戻ってくるようなら、自分に思い出させる必要があるでしょう。不健康なものを食べることは犯罪ではないのだと自分に証明するために、意図的に、自信を持って、それを食べる必要さえあるかもしれません。あなたが手にした減量プランは、これまで効果がなかったダイエット法とはまったく違います。**本書のプランはあなたの個人としての自由、権限、そして力に根ざしたものです。**どんな食べ物も禁じません。

今すぐに、自分の体重と自分が食べているものについて感じているあらゆる恥の感情を捨ててください。

## ❹甲板員ではなく船長になる

このことは重要です。自己啓発本を読んだ人の多くは「成功のためのステップに従わなければ」と思ってしまいます。本書のプランを使う場合にはとくに、あなたが率先して行動してください。リーダーになって、この本をあなたの変化のためのガイドブックとして使ってください。すべての優れたリーダーには助言者がいます。この本があなたの助言者です。ただし、采配を振るのはあなたひとりです。これはあなたの人生なのですから。

船長になる代わりに、自分を甲板員に格下げしてしまうと、あなたは融通のきかないプランに縛りつけられ、このプランを効果的にしているコンセプトを見失ってしまいます。このプランで大成功を収めるのは、コンセプトを「うまく理解できた」人たちです。彼らはプランを実行していくうちに、次のような小さな習慣のコンセプトがうまく働いていることに気づきます。

- **自分でも気づかないほどの小さな変化は、体や潜在意識の抵抗を引き起こさない。**
- **恥は進歩を妨げるのに対し、小さな勝利は勇気づける。**

**・自主性が新たな高みに上る力を与えるのに対し、ルールは私たちを抑えつけて、最後に反抗心を刺激してしまう。**

**・一貫性のある行動が好みを習慣化していく上で何より重要である。**

船長と甲板員の違いを表現するなら、船長は必要なときに変化を起こし、甲板員は言われたとおりのことをするだけです。**船長は一般に、より積極果敢で頻繁におまけを加える傾向があります**（おまけが、このプランのもっとも興奮させる点です）。

## ❺自分との交渉と作戦づくりをストップしない（全面的な反抗を認めない）

**「もうどうにでもなれ！」と言って大食いするときが、あなたの負けが決まる瞬間です。**チーズケーキを1ホール丸ごと食べようとしているからではなく、「厳しい」ほうの自分、つまり体重を減らしたいと思っている自分に、チーズケーキを愛する本能的な自分をあまりに長く支配させてしまったからです。減量という試みを成功させるためには、意識と潜在意識の両方を満足させなければなりません。あなたはもっと健康になりたい自分を応援すると同時に、本能的な欲求を満足させるような決断を下さなければならないのです。

矛盾しているように思うでしょうが、**反抗を止める方法は、暴力的な力（意志の力など）を使うのではなく、反抗するのがばかげた考えだと思えることです。**人は自分の好きなものに対して反抗心は起こしません。ですから、自分がしていることを好きになってください。

小さな習慣は、誰でも心地よく感じられるように考案されていますが、自分のニーズに合うように自由にカスタマイズしてください。

## ❻健康のためのヒーローを頼りにする

**あなたの好きな健康的な食べ物をメモしておきましょう。**それがあなたのヒーローです。サポートが必要なときにはこれらに頼ることができます。もし野菜はあまり好きではないけれど、ブロッコリーだけはなぜか好きというのなら、ブロッコリーをたくさん食べてください。ラディッシュをおやつ代わりに食べるのが好きなら、頻繁に食べてください。アスパラガスの味が好きなら、いつも手近に置いてください。

**ダイエットをする人たちは、好きではない食べ物を無理して食べている傾向があります。**なかにはだんだん好きになるものもありますから、好きではないものでも時々食べるのは悪い考えではありません。ただ、それをあなたの主要プランにはしないでください。**好きな食べ物を選ぶことで、「減量のために苦しむ」という考え方を避けることができます。**健康的な食べ物はどれも好きではないというのなら、実験を続けてください。まだすべての食べ物を試したわけではないでしょう。好きになれないのはきっと、加工食品の味と比べているからだと思います。加工食品をたくさん食べると、健康的な食品は魅力的に思えなくなってきます。質がまったく異なるからです。健康的な食品を加工食品の代わりにしようとは思わないでください。練習だと思って食べてください。食べ続けているうちに、きっと好きになっていくはずです。

## ❼努力する

**小さな習慣は驚くほど効果のあるちょっとした行動です。**小さな行動ながら、あなたの生活を変える力があります。でも、これは魔法ではありません。あまりに効果が大きいために魔法のように思えてしまいますが、「腕立て伏せを1回したけれど、何も起こらない」とは考えないでください。この言葉は、成功に無関心な誰かが、努力することなくそれを手に入れようとしているように聞こえます。小さな習慣計画をうまく進めるには、やはりそれなりの努力が必要になります。その点はほかの減量法と変わりありません。**小さな習慣に求められる努力は、ほかのほとんどの減量法よりは少なくてすみますが、それでも努力は必要です。**

## ❽目標と手段を混同してはいけない。両方を適切に使う

**あなたの目標は、あなたが行きたい場所です。あなたが使う手段は、あなたのプランをその場所まで導くための方法です。**

加工食品はひどい食べ物です。減量にとっての悩みの種です。したがって、**目標は加工食品を食べないことです。**しかし、そのための**最適な手段は、「それを食べることをやめないこと」です。**「ジャンクフード禁止」は、あなたがそれを食べたときに何かを奪われたと感じさせ、恥の意識を持たせるからです。

目標と手段は別ですが、もちろん目標も重要です。目標を手段として使うのが間違っているのと同じくらい、**目標を無視して何の考えもなしに手段を使うのも間違っています。**もしあなたがニンジンを食べて、「この方法はうまくいくはずだ」と思って何かが起こるのを待っているとしたら、健康的な生活を送るという本来の目標を見失っています。

目標がわかっていて、その達成のために賢い手段を使うときに、すべてがうまくいきます。あなたの目標は方向性と望みを与え、あなたの手段は目標を達成するためのベストポジションへとあなたを導きます。その例をいくつか紹介しておきましょう。

**間違った考え方（目標を手段として使う）――「炭酸飲料を飲まないようにしたい。だから、炭酸飲料を飲まないことにする」**

**正しい考え方――「炭酸飲料を飲まないようにしたい。そのための手段は自分に炭酸飲料を飲んでもかまわないと認めることだが、いくつか別の健康的な選択肢を用意しておく。そして、炭酸飲料を飲みたくなったときには、あらかじめ決めておいた小さなチャレンジをこなす。たとえば、ライム風味の水をグラスに1杯飲む」**

**間違った考え方（目標を無視してやみくもに突き進む）――「毎日午後3時にニンジンを食べる。スティーヴンがそう言ったから」（この方法はうまくいくこともありますが、**

**理想的な考え方ではありません）**

**正しい考え方——「私はもっと野菜を食べて体重を減らしたい。そのための方法は毎日午後3時にニンジンを1本食べることだ。これを続ければ、やがて野菜を食べることへの抵抗が少なくなるだろう。そして、勢いづいた日には、もっとたくさんニンジンを食べるか、ほかの野菜も食べる。そうすれば、もしかしたらその日はそれからずっと、よい決断をするように励まされるかもしれない。最初の小さなステップが、私がいつも感じている抵抗を克服するだろう。そうすれば、正しいレールに乗ることができる。そして、毎日続けていくうちに、きっとニンジンを食べることが習慣に育っていく」**

## 減量のための小さな習慣、おさらい

たくさんの情報を詰め込んだので、みなさんはどうしたらうまく整理できるか悩んでいるかもしれません。最後に本書の実行プラン全体をざっと振り返っておきましょう。

本書が教えるプランは4つの要素で構成されています。そのうち3つはオプションで、ひとつが毎日必ず行なうものです。これらについては細かく説明しました。ここからは、全体として小さな習慣がどう働くかをまとめます。

**毎日の小さな習慣（義務）――あなたが毎日行なう小さな習慣をひとつから最大4つまで選びます。**そして、あなたの性格やライフスタイルに合った実行プランを選びます（「小さな習慣プラン」のセクションで取り上げました）。これらの毎日行なう小さな習慣は、変化のためにいちばん大切な要素です。**これが継続的な進歩の「基礎」になるからです。**本当に簡単な行動なので、調子の悪い日でも必ず達成できます。毎日の小さな習慣はプラン全体のなかで必ずこなさなければならない唯一のものです。成功したいなら、自分が選んだ小さな習慣を毎日行なわなければなりません。これらは「必須」の行動ですから、どれほど簡単な行動かをつねに思い出すことが役に立ちます。そうしないとルールにコントロールされていると感じ、反抗心が芽生えてしまいます。もし自分の小さな習慣に抵抗を感じるとしたら、次のことを考えてみてください。

**1. 小さな目標をこなすのがどれだけ簡単かを想像してみる。視覚的に思い描くようにする。**
**2. 目標をほかの課題と比べない。**
**3. 量にかかわらず前へ進む。**
**4. 置かれた状況を言い訳にしない。進歩が簡単に手に入ることはめったにない。**
**5. 小さな優れた決断が短期的にも長期的にもあなたの生活におよぼす力を決してみくびらない。**

これらの考え方をつねに忘れずにいれば、必ず成功します。小さな習慣以外の残りの計画は、あなたの考え方を変え、行動を促す助けになるようなオプションのプランが中心です。

## 誘惑に打ち勝つための作戦（オプション）

「状況別の応用作戦」の章で、あらゆる状況をカバーする、**誘惑への幅広い対処法を紹介しました。誘惑に打ち勝つための作戦は、恥の意識を減らし、欲求の度合いを弱め、あなたによりよい決断をする力を与えるように考えられています。**これらの3つのことは、シンプルな「小さなチャレンジ」を通して達成されます。この作戦が効果的なのは、誘惑に「負けて」、食べたいものを食べてしまったときでさえ、あなたを強くするからです。あなたはそのときからずっと、加工食品の誘惑に完全に抵抗するようになるでしょう。つまり、あなたの行動にすべてがかかっている減量法（あなたが読んできたすべての減量本のこと）はどれも間違っているのです。

誘惑に打ち勝つための作戦はオプションです。つまり、誘惑にかられたときに、いつもトライする必要はありません。あなたの目標は健康的な選択をすることです。このオプションはその達成を助けてくれるツールと考えてください。もし私がこれを必須の行動にするように言えば、もっと大事な小さな習慣プランのじゃまをしてしまいます。誘惑にかられたときに毎回この行動をとるように自分に義務づければ、あなたは自分が負けていると考えるか、小さな習慣計画全体がうまくいっていないと思い、毎日の小さな習慣をやめてしまうおそれがあります。その状況は絶対に避けなければいけません。毎日の小さな習慣こそいちばん大事なことで、オプションのほうは、「おまけ」にすぎないのですから。

とはいうものの、これは本当に力強い作戦ですから、できるだけ頻繁に行なうことをすすめます。ただし、食べ物の誘惑に負けて、これを試さずに食べてしまったとしても、自分が失敗したとか、すべてが「台無しになった」とは感じないでください。これはオプションですが、ほかのオプションよりは優先的にトライしてほしいと思います。食に関しては欲求や誘惑が大きな影響を与えるからです。

## 状況別の応用作戦（オプション）

――減量したいと思っているあなたに、人生はさまざまな試練を与えます。健康的な決断をするのがむずかしい状況に置かれることもあると思います。たいていの人はこれらの状況に直面すると、意志の力で乗り越えようとして、しばらくはうまくいくのですが……結局は失敗してしまいます。意志の力は時々私たちを裏切りますから、意志の力やモチベーションがどんな状態であっても効果を発揮する作戦を使うほうが優れています。

「状況別の応用作戦」の章で、**典型的な誘惑と、それ以外のよくある状況6つそれぞれに対処する理想的な作戦**を取り上げました。そこで紹介した例を参考にしてほしいと思います。

たとえば、パーティーに出席しようとしているのなら、**「パーティーと休日のための作戦」**の部分を読み直すといいでしょう。状況に応じて異なる作戦を用意しておくという点で、ダイエットよりも柔軟性があります。ダイエットは現実の生活を無視して、「何が起ころうと」

守らなければならない課題を突きつけ、あなたをルールに縛りつけます。

## 小さなチャレンジ（オプション）――楽しくて簡単なチャレンジを、

ケース・バイ・ケースで選ぶことができます。状況別の応用作戦と似ていますが、食べることではなく何かの行動を起こします。

あなたが選んだチャレンジのひとつが、毎日行なう何かの行動にうまく加えられるものであれば、これを基本の小さな習慣のひとつにしてもいいでしょう。たとえば、もし毎日テレビを見るのなら、**「テレビを使う小さなチャレンジ」**か**「テレビCMを使う小さなチャレンジ」を毎日の小さな習慣にすることができます。**ただし、典型的な小さな習慣よりは少しむずかしくなると思います。1日のうちに何回も、行動を促すきっかけが生まれやすいからです。テレビを3時間見るとしたら、そのあいだに24回CMが入るかもしれません。そうなると、**1日に24回、CMのたびに立ち上がって動き回る**ということです。これは毎日行なうには多すぎます。1回1回は簡単にできたとしても、そんなに何回もしなければならないと思うと、怖気づいてしまうでしょう。私が基本的にはこれをオプションにしておくことをすすめるのは、そのためです。

もし**「階段を使う小さなチャレンジ」を毎日行なうと決め、それが職場であれば、特別な合図をひとつだけ選んで小さな習慣にするといいかもしれません。**たとえば、朝、職場に入るとき、あるいは帰宅するときに、階段を使うと決めます。昼食で外に出るときにはエレベーターを使います。同じように、テレビを見る前にミニエクササイズをすることを選ぶこともできます。CMのあいだは行ないません。これらを必須の日課にするかどうかは、あなたがどれだけ頻繁にこれらの状況に置かれるかと、「小さな習慣の重さ」によります。小さな習慣の数が多すぎるのはよくありません。

**毎日の必須の行動とオプションの行動をうまく調整して、無理のないプランにしましょう。**あなたのプランは、ほんの少しあなたに負荷を与えるものですが、「自分に挑戦する」ことよりも毎日の成功のほうが重要です。習慣として身につけることが目的だからです。習慣になれば、もっと頻繁に自分に挑戦することができ、完全に負けてしまうリスクを冒すことなく、より強さを増すことができます。

**小さな習慣には最悪の日でもできる最低ラインを選びます。**たとえば、最悪の日の私は、具体的に言うと、ライティングの小さな習慣が最低の50ワードになります。この数字が、私の小さな習慣として書いてあるものです。私はこの小さな習慣を2年以上前から続けていて、書く習慣がしっかり根づいてきていますから、最悪の日でも1000ワードくらい書くことが多くなりました。ほかの人たちは（小さな習慣を始める前の私もそうですが）、最初から1日に1000ワードを目標にして、その目標を達成できないことが多くなるか、燃えつきて途中でやめてしまいます。私は長く続けることを目指し、書く習慣を身につけたかったので、今では1日に1000ワード書くことが平均か、平均以下になりましたが、以前ならこれは「とてつもない達成」でした。これが習慣の力です。このことを忘れないでください。

**小さなチャレンジと小さな習慣の楽しいところは、小さなポジティブな行動を起こすたびに、自分が誇らしくなることです。**このことがあなたの成功にとってどれほど重要かは、どれほど強調しても足りないくらいです。私が自分のアパートでエレベーターの代わりに階段を使うときには、ほかでは味わえないほど誇らしい気分になります。誰かにほっぺたをひっぱたいてもらい、「階段をいくらか駆け上がっただけじゃないか。興奮するほどのことじゃない」と言ってほしいくらいです。ばかばかしく聞こえるでしょうが、私の言う意味をあなたもきっとわかると思います。**小さな勝利を積み重ねていくことはやみつきになり、ご褒美をもらえた気分です。**こうした行動の上にプラン全体が築かれています。

この本の終わりに

# 一生使い続けられて、つねに成功できる方法

あなたは今、遠くまで旅ができるプランを手にしています。このプランは今日も7年後も同じように使えます。なぜなら、一生使い続けられて、つねに成功できるように考えられているからです。もしあなたがこれまでに、モチベーションを重視した、すばやく減量するための厳しいダイエット法を試したことがあるのなら、それがどんな結末を迎えるかを知っているでしょう。一夜にして食生活を変えようとした経験があるのなら、その結末もよくわかっているでしょう。この本が教える方法を試してみれば、これまでとは違うハッピーエンドを迎えられるとわかるはずです。

**本物の進歩を持続するには、長続きする変化を起こさなければなりません**。そして、これらの変化は時間とともにむずかしくなることはなく、どんどんたやすくなっていきます。脳がその変化になじんでくるからです。最終的に習慣化されたとき、それはあなたの新しいお気に入りの行動となり、そうなればもうどんなプランも必要なくなります。ただ自分の新しいライフスタイルを楽しむだけです。

**減量を持続させるのは可能ですが、それはダイエットによってではなく、小さな継続的な**

**変化によってです**。これらの変化が、あなたの体と脳が変えたいと思うものとぴったり重なっていきます。もしある行動が「小さすぎて失敗できない」ほど簡単で、最悪の日でも達成できるのなら、あなたを止めるものなどあるでしょうか？　何もありません。つまり、あなたの行動を変え、もっと健康になることをじゃまするものは何もないということです。

**小さな習慣は、成功と練習に重点を置きます**。あまりに多くの人が、達成できない目標を設定しています。それでは成果は望めません。私たちは目的を達成する練習をすることで上達していきます。手の届かない目的を達成できずに終わっていては、上達はできません。毎日成功する自分を想像してみてください。モチベーションが感じられない日でも成功できるのです。毎日自信が高まっていく自分を想像してみてください。これからの1年で減量に成功し、リバウンドの心配もないことを想像してみてください。それは、無理強いされた方法に従い、潜在意識を無視し、意志の力を消耗するような、外から内へのダイエット法ではなく、内からの変化だから実現するのです。

これは、**長期的に続けられる減量計画にトライできるチャンス**です。目の前のチャンスをどうか生かしてください。一歩踏み出せば、もう後戻りすることはありません。あなたが減量と人生の旅を心ゆくまで楽しめることを祈っています。

ご健闘を
スティーヴン・ガイズ

## 著者からもう一言

minihabits.comでは、減量のための小さな習慣のコンテンツ、ツール、資料をさらに紹介しています。

### 小さな習慣をマスターする

もし書籍より映像で小さな習慣のコンセプトを学びたいのであれば、Mini Habit Mastery Video Course（小さな習慣マスタービデオ講座）を利用できます。本書の読者だけの特典として、料金が割引になるクーポンコード「ＭＨＷＬ５５」も使えます。Mini Habits Masteryは習慣形成講座として世界中で人気となり、９０００人以上が受講しています。

Mini Habits Mastery HD Video Course――http://www.udemy.com/mini-habit-mastery/?couponCode=MHW55

『How to Be an Imperfectionist（非完全主義者になる方法）』

私の第2作は『小さな習慣』を、完璧主義の問題に応用したものです。うつ、不安、怠惰などで悩んでいる方は、この本が大いに役立つでしょう。私の書いたものでもっとも高評価を得たものです。

『How to Be an Imperfectionist』（書籍）――http://www.amazon.com/dp/B00UMG535Y

Tuesday messages（火曜日のメッセージ）

毎週火曜日に、生活に役立つヒントを書き、購読者にメール配信しています。このコンテンツで人生が変わったと言ってくださる人もいました。購読申し込みをすると、過去のメッセージのアーカイブから興味のあるものを読むこともできます。購読者のみ閲覧できるもので、登録は無料です。登録すると、私の次の本や講座についての情報もいち早く知ることができます。

Tuesday email sign-up――http://stephenguise.com/subscribe/

おまけのコンテンツ――http://minihabits.com

著者とのコンタクト――sguise@deepexistence.com

［著者］
**スティーヴン・ガイズ**（Stephen Guise）
2004年より、自己成長ストラテジーの調査と執筆を行っている。2011年にブログ「ディープ・イグジスタンス」を立ち上げ、ホワイト・ダヴ・ブックスによって2012年の自己啓発ブログ第1位に選ばれた。「ライフハッカー」、「マインド・ボディ・グリーン」、「タイニー・ブッダ」、「ピック・ザ・ブレイン」などの人気ブログに寄稿している。著書『小さな習慣』は、2013年に出版されて以来、14の言語に翻訳され、アメリカだけでなく日本や韓国でベストセラーとなった。

［訳者］
**田口未和**（たぐち・みわ）
上智大学外国語学部卒。新聞社勤務を経て翻訳業。主な訳書に、『小さな習慣』（ダイヤモンド社）、『英国の幽霊伝説』『ピザの歴史』『図説世界を変えた50の哲学』（以上、原書房）、『デジタルフォトグラフィ』（ガイアブックス）、『悪魔の取引』（CCCメディアハウス）、『子どものための世の中を生き抜く50のルール』（PHP研究所）、『インド 厄介な経済大国』（日経BP社）がある。

**小さなダイエットの習慣**

2018年12月12日　第1刷発行

著　者――スティーヴン・ガイズ
訳　者――田口未和
発行所――ダイヤモンド社
〒150-8409　東京都渋谷区神宮前6-12-17
http://www.diamond.co.jp/
電話／03･5778･7227（編集）　03･5778･7240（販売）
翻訳協力――トランネット
装丁――轡田昭彦
本文デザイン・DTP――中井辰也
イラスト――ほらぱれっと　ほらほらたん
製作進行――ダイヤモンド・グラフィック社
印刷――ベクトル印刷
製本――ブックアート
編集協力――落合恵
編集担当――土江英明


ISBN 978-4-478-10416-3